Luft holen!

Ralf Meister (Hrsg.)

Luft holen!

Sieben Wochen ohne Panik

DER BEGLEITER DURCH DIE FASTENZEIT

edition chrismon

Bibliografische Information der Deutschen Nationalbibliothek: Die Deutsche Nationalbibliothek verzeichnet diese Publikation in der Deutschen Nationalbibliografie; detaillierte bibliografische Daten
sind im Internet über http://dnb.d-nb.de abrufbar.

Das Buch wurde auf alterungsbeständigem Papier gedruckt.

Fotos: Cover: Aleksandar Nakic / Getty Images
Woche 1: Doro Zinn, 2: Helena Schätzle, 3: Marlene Pfau, 4: Maria Feck, 5: David Klammer, 6: Evelyn Dragan, 7: Caroline Schreer
Cover: Ellina Hartlaub, GEP gGmbH, Frankfurt am Main
Satz: makena plangrafik, Leipzig/Zwenkau
Druck und Bindung: BELTZ Grafische Betriebe GmbH, Bad Langensalza

ISBN 978-3-96038-406-9
eISBN (PDF) 978-3-96038-407-6
eISBN (E-Pub) 978-3-96038-408-3
www.eva-leipzig.de

Inhalt

Vorwort

Ralf Meister

Das Bild stammt aus dem Familienbesitz meiner Frau. Ein Erbstück. Vermutlich ist es im 17. Jahrhundert entstanden: Öl auf Holz gemalt. Es zeigt die Geschichte vom Goldenen Kalb aus der Bibel.

Großformatig, eins fünfzig mal eins zwanzig, mehr als fünfzig Personen sind dargestellt. Ein Bild voller Leben. Im Vordergrund sieht man das Volk bunt gemengt vor einem königlich gekleideten Mann: Aaron, der erhöht auf einem Thron sitzt unter einem Baldachin. Er inspiziert die Szene vor ihm. Frauen knien in prächtigen Gewändern und legen ihre Armbänder und Ketten zum Thron, Männer tragen goldene Vasen und Amphoren heran. Ein Teil der Menge tanzt um eine Säule, auf der oben ein Kalb in Gold steht. Dieses wilde Durcheinander fällt sofort ins Auge. Etwas entfernt stehen hohe Zelte, und dann entdeckt man im Hintergrund weite Wiesen und eine Hügelkette. Von einer dieser Anhebungen steigen zwei Männer herab. Mose, im Arm die Steintafeln mit den Geboten, begleitet von Josua.

Ich finde, dieses Bild, das meine Frau und ich erst vor einigen Jahren geerbt haben, passt perfekt in mein Büro. Jeden Morgen die Ermahnung, sich nicht vom Durcheinander dieser Welt irritieren zu lassen. Sich nicht permanent den Unsicherheiten und schnellen Antworten dieser Welt hinzugeben. Still zu werden, durchzuatmen und in die Weite zu schauen, von der Weisung kommt, Richtschnur für mein Denken und Handeln. In Psalm 121 heißt es: „Ich hebe meine Augen auf zu den Bergen, woher kommt mir Hilfe? Meine Hilfe kommt vom Herrn, der Himmel und Erde gemacht hat."

Die kommenden sieben Wochen laden ein, anzuhalten, den Blick zu heben und durchzuatmen. Was verursacht bei mir Panik, was macht mir Angst, was nimmt mir die Luft zum Atmen? Die Suche nach dem, was wir wirklich brauchen, die Frage nach den Quellen unseres Trostes und unserer Verbundenheit mit Gott und anderen brauchen Zeiten des Durchatmens. Das, was uns Menschen auf elementarste Weise mit Gott verbindet – dass wir von Gott den Atem haben –, ist zugleich auch, was wir mit allen anderen Lebewesen gemeinsam haben: unser gemeinsamer Odem – es ist Gottes Odem. Das zu entdecken, braucht Zeit. Ich wünsche Ihnen Gewinn bei der Lektüre und segensreiche Erfahrungen in dieser Fastenzeit!

Ihr Ralf Meister

7 WOCHEN OHNE

Fenster auf!

1

Da machte Gott der Herr den Menschen aus Staub von der Erde und blies ihm den Odem des Lebens in seine Nase. Und so ward der Mensch ein lebendiges Wesen.

1. Mose 2,7 (Lutherbibel 2017)

Fenster auf!

Ralf Meister

BIBLISCHE MINIATUR
ZU 1. MOSE 2,7

„Kinder, macht die Fenster auf!“ Was uns als Teenager oft von unseren Eltern gesagt wurde, hat in den letzten Jahren auch bei dienstlichen Sitzungen Einzug gehalten. „Macht die Fenster auf!“ Während der Pandemie zeigten CO_2-Messgeräte mit lautem Piepton an, wenn die Kohlenstoffdioxid-Werte im Raum ungesunde Ausmaße annahmen. Vieles aus der Pandemie haben wir bereits hinter uns gelassen, das regelmäßige Lüften von Sitzungsräumen hat sich gehalten. „Fenster auf!“, damit das Verbrauchte hinausgeht und das Neue hereinkommt. Mit frischer Luft im Raum lässt sich besser durchatmen.

Atem hat in allen Weltkulturen und Religionen eine herausragende Stellung. Atem ist die Bewegung des Lebens, ohne Atmung existiert kaum ein Lebewesen. Nach biblischer Vorstellung ist der Mensch von Anbeginn eng verbunden mit dem Atem Gottes. Gott schuf in der Schöpfungsgeschichte aus dem Klumpen Erde den ersten Menschen und hauchte ihm seinen Atem ein. Ohne diesen Odem wäre der Mensch tote Materie geblieben.

Das hebräische Wort, das wir heute oft mit Geist übersetzen, bedeutet neben „Atem“ auch „bewegte Luft“, „Wind“ oder sogar „Sturm“. Eine Kraft, die sich buchstäblich in Bewegung setzt. Sie macht aus uns lebendige Wesen. Der Odem Gottes wird uns eingehaucht, wir tragen ihn durch unser Leben, und eines Tages hauchen wir ihn wieder aus. Erde, Asche und Staub zeigen, dass wir geschaffen wurden. Geschaffen mit einem Körper, der auf dieser Erde atmet und lebt. Wir entstehen, indem Gottes Odem uns zu Geschöpfen mit Geist und Seele macht. In einem ersten Schrei werden wir Geschöpfe dieser Welt. Atmende Wesen, die in jedem Luftzug verbunden sind mit der Kraft, die das Leben uns eingehaucht hat.

Den Lebensodem zu spüren, braucht Zeit. Achtsame Augenblicke. Sieben Wochen liegen vor uns, in denen wir auf unsere inneren Bewegungen hören. Was brauche ich wirklich? Wo umtosen mich Winde, erstürmen mein Leben und wehen mich fort? Wo ist der Zug frischer Luft, der mich befreit. Sieben Wochen: Fenster auf!

„Die Definition von Wahnsinn ist:
Immer wieder das Gleiche zu tun
und andere Ergebnisse zu erwarten.“
Albert Einstein

ATEM LOS 1

Fabian Vogt

„Wer den Hafen nicht kennt, in den er segeln will, für den weht nie der richtige Wind. Seneca“, stand auf einem etwas kitschigen Poster an der Eingangstür des in die Jahre gekommenen Gemeindehauses neben Plakaten, die unter anderem für eine „Große Orgelnacht“, ein „Konfi-Camp“ und ein „Tauf-Fest am Baggersee“ warben. Aber das hing wohl noch vom vergangenen Jahr da.

Andrea war fast überrascht, dass der Schlüssel passte, den sie sich am Vortag bei der Pfarrerin abgeholt hatte. Dass tatsächlich mal was passte.

Vermutlich war es trotzdem eine „Schnapsidee“ ... wie Erik, ihr Mann, ihr Vorhaben süffisant genannt hatte: ein wöchentliches Gesprächsangebot in der Passionszeit, *„Luft holen – 7 Wochen ohne Panik. Zeit für mehr Achtsamkeit“*.

Vermutlich würde eh keiner kommen.

„Du machst das doch vor allem für dich selbst“, hatte Erik bemerkt, und sie hatte trotzig genickt: „Ja, kann schon sein. Na und? Höchste Zeit, dass ich mal was nur für mich mache. Vor allem mal was, was mich auf neue Gedanken bringt. Das mich aus den eingefahrenen Mustern rausholt."

Und dann hatte sie sich direkt über sich selbst geärgert. Weil sie angefangen hatte, sich ihm gegenüber zu verteidigen. Wie so oft. Warum nur?

Sie schüttelte bei der Erinnerung unwirsch den Kopf, nahm ihren Wäschekorb mit den Deko-Materialien, den sie zum Aufschließen auf den Boden gestellt hatte, wieder in die Hände und ging ins Innere des Gebäudes.

Vermutlich würde eh keiner kommen.

Ein seltsames Gefühl: einen Raum zu gestalten, ihn liebevoll zu dekorieren, ohne zu wissen, wer oder was sie erwartete.

Trotzdem macht sie sich ans Werk: ein Stuhl-Oval. Duftkerzen. Blumen. Stimmungsvolle Fotos. Eine bunte Picknickdecke als Eyecatcher. Getränke. Was zum Knabbern. Gedimmtes Licht. Leise Musik aus einer Box: Jazz; aber harmonisch.

Sie würde mit den Leuten eine kurze Vorstellungsrunde machen; mit der neugierigen Frage „Wann habe ich das letzte Mal so richtig durchgeatmet?", ein paar Atem-Übungen ... und dann wäre Zeit zum Austausch.

Aber mal ehrlich: Wer kommt zu so einem Abend?

Obwohl: eigentlich doch alle, die – wie sie – das Gefühl haben, dass sie dringend frischen Wind im

Leben spüren wollen. Einen Neuanfang. Alle, die ahnen: Man kann sich nicht am eigenen Zopf aus dem Sumpf ziehen. Man braucht Unterstützung. Man sollte aktiv einen ersten Schritt wagen. Und zum Beispiel zu diesem Angebot gehen. Schön wär's!

Vermutlich würde eh keiner kommen.

Andrea richtete sich auf, öffnete das Fenster, sog die frische Luft tief ein – mehrfach hintereinander –, dann schaute sie sich den Raum an ... und musste plötzlich lächeln: Wie schön er war! Wunderschön! Zum Aufatmen schön.

Und plötzlich war es ganz egal, ob heute jemand erschien oder nicht. Dieser Raum würde ihr guttun. So richtig gut! Tat er jetzt schon. Und hatte sie sich nicht fest vorgenommen, nicht mehr alles so kritisch zu sehen? So negativ. Zumindest nicht vorschnell. Endlich raus aus dem ständigen Meckermodus. Kein Overthinking mehr. Also: Dieser Abend würde schön werden. Mehr als schön. Für sie allemal. „Ja, das würde er!"

Und dann war es neunzehn Uhr dreißig ... und sie kamen: Nici, eine junge Mutter mit Baby, Annette, eine ehemalige Kommissarin, Jochen, ein Vertriebler für Verpackungsfolien, Peter, ein Musiker, Yvonne, eine MTA, und Günther, ein „Pensionist", wie er betonte. Es konnte losgehen.

Eine spannende Gruppe. Und es ging los.

Und wie!

LUFT HOLEN!

Tobias Bilz

Stoßlüften ist das Mittel der Wahl für ein gutes Raumklima in der Heizungsperiode; erfrischend und energieeffizient, am besten mehrmals am Tag.

Die Bibel erzählt von der Erstbeatmung des
frisch geschaffenen Erdlings.
Gott bläst den Atem in die Nase des Geschöpfes,
und seither hebt und senkt sich das Zwerchfell
und mit ihm Bauchdecke und Brustraum.

Es atmet mich ohne mein Zutun.
Nur morgens ein erstes Gähnen.
Stoßlüften des müden Körpers.
Zwei, drei tiefe Atemzüge am offenen Fenster.

Der Atem strömt ein.
Ich spüre ihn frisch und feucht.
Irgendwo zwischen Nasenraum und
Rachen liegt mein Ankerpunkt.
Ein himmlischer Marker für
die Gegenwart Gottes hier und jetzt.
Ich achte auf den Atem.

Mein stilles Gebet, noch ehe Gedanken oder
Worte sich formen müssen.

Stoßlüften im Raum des Heiligen Geistes.

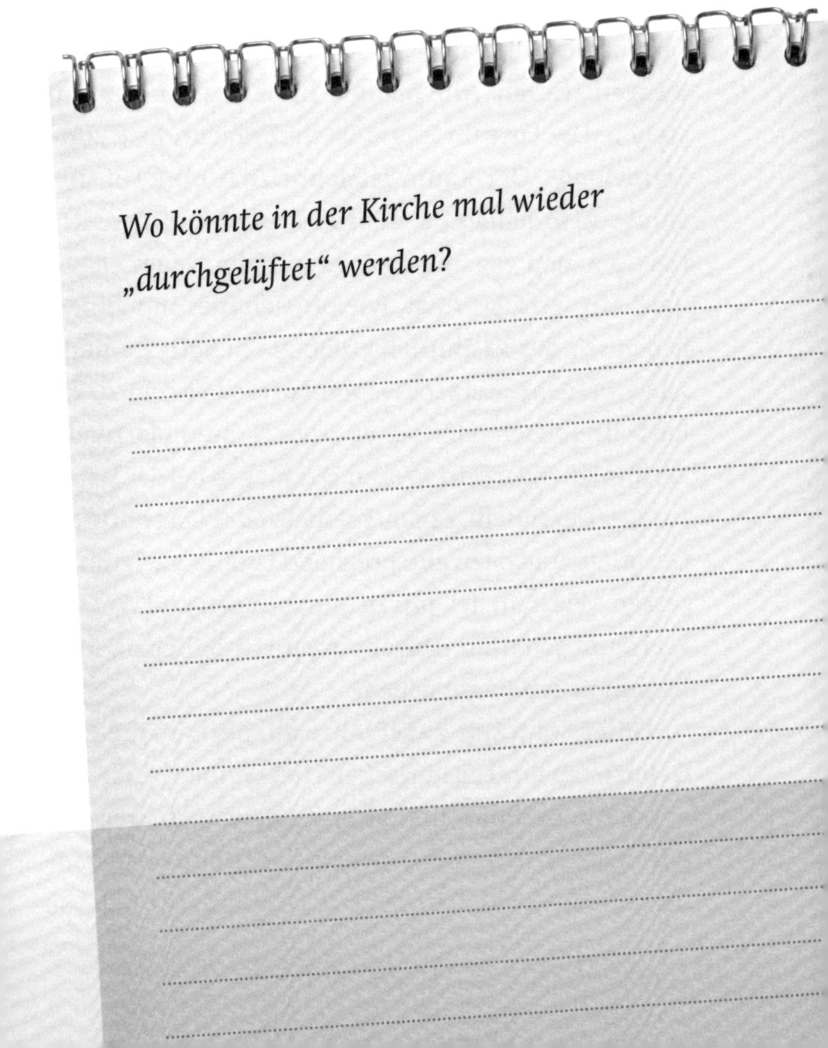

FENSTER AUF GIBT LICHT UND KLARHEIT – FENSTER ZU AUCH SICHERHEIT

Hansjörg Kopp

Wir öffnen als kleine Gruppe den Besprechungsraum. Hier sollen wir gleich intensiv miteinander zielführend beraten und strategische, weitreichende Entscheidungen treffen. Alle bleiben in der geöffneten Tür stehen. Die Luft im Raum ist verbraucht, fast „zum Schneiden". Der Raum ist schön, hat eine Fensterfront – aber keines der Fenster lässt sich öffnen. Irritiert schauen wir uns an: Wie soll hier Neues entstehen? Mir wird bewusst, wie oft sich dies in meinem Leben so oder so ähnlich ereignet. Zu voll, zu müde, zu verbraucht. Statt schlechter Luft mag es ein zu voller Schreibtisch oder ein aus den Nähten platzender Terminkalender sein. Wie anders mag es bei der Schöpfung gewesen sein. Es scheint, dass Gott Lust hatte am Gestalten und dazu entsprechend Luft, es auch umzusetzen. Wie kann ich mir in diesen Tagen und Wochen Freiraum schaffen, Durchatmen ermöglichen, Möglichem neuen Raum geben?

Unser Sohn war zwölf Jahre alt, als wir ihm zum Geburtstag ein Fenster schenkten. Seine Freude war erwartungsgemäß und altersgerecht verhalten. Als wir unser Haus bezogen, bekam er das dunkelste Zimmer mit einem kleinen Fenster zur Nordseite nahe an der haushohen Hecke des Nachbarn. Als das Fenster eingebaut war, war der Raum nicht wiederzuerkennen, obwohl er sich nur auf einer Fläche von etwa einem Quadratmeter an der Wand änderte. Weite zog ein und Licht und damit Lebensfreude und Lebensqualität. Auch Jahre später erfreuen wir uns alle an dieser Entscheidung. Gott will Weite schenken, Licht und Freundlichkeit. Wo braucht es möglicherweise von mir aus neue Fenster, um den eigenen Blick zu weiten? Anderen Menschen eine neue Chance zu geben oder mir selbst oder Gott? Ein Fenster als Geschenk? Ja, jedes Fenster ist ein Geschenk. Eventuell ist es an der Zeit, mich selbst zu beschenken?

“ Gott will Weite schenken, Licht und Freundlichkeit. ”

Die Aussichtsplattform des Willis Tower in Chicago liegt auf 412 Meter Höhe. Vor einigen Jahren wurden Glasbalkone eingebaut, die nur an der Gebäudeseite befestigt sind. Man tritt auf einer Glasscheibe sozusagen aus dem Gebäude heraus und kann an der Gebäudefassade nach unten schauen. Von Glas umgeben wage ich einen Schritt nach außen – und bin froh, dass sich das Fenster nicht öffnen lässt. So empfinde ich Sicherheit – gewiss, an einem außergewöhnlichen, nicht alltäglichen Ort. Langsam kann ich die Weite, die sich mir öffnet, genießen. Nur zögerlich geht mein Blick nach unten.

Noch immer halte ich irgendwie die Luft an. Unsere Kinder drängeln. Bereits vorab hatten sie sich Posen überlegt und gute Foto-Momente. Völlig unerschrocken und mit großem Vertrauen bewegen sie sich auf dem Glas, unter dem in schwindelerregender Tiefe die Straße zu sehen ist mit Autos im Matchbox-Format. Sie fühlen sich sicher und geschützt. Hat Gott uns mit dem, wie er die Welt ins Leben gerufen hat, nicht auch einen „safe space“, einen sicheren Raum gegeben und anvertraut? Geborgen in seiner Hand, so seine Zusage, Tag und Nacht als Rahmen, der unser Alltagsleben umgibt?

> „Fenster auf, auch gerne zur Erfrischung und Erneuerung.“

Fenster, ja! Wunderbar. Fenster auf, auch gerne zur Erfrischung und Erneuerung. Um den Horizont zu weiten, Perspektiven zu wechseln, Vertrauen zu finden, kann es hin und wieder auch gut sein, dass da ein Fenster ist, das sich nicht öffnen lässt. Ein geschützter Raum.

Ohne Fenster leben zu müssen, ist hingegen eine grausame Vorstellung. Ich beginne, mit denen zu leiden, die das Unvorstellbare erleben. Dankbar bin ich Gott, der uns ins Leben gerufen hat, weil er Weite schafft und Raum gibt. Gerne will ich ihm auch mein Fenster in mein Inneres öffnen.

FENSTER AUF!

Anne Brisgen

Der Wind, der Wind – das himmlische Kind! So antworten Hänsel und Gretel geistesgegenwärtig auf die Frage der bösen Hexe, wer sich da wohl an ihrem Haus zu schaffen mache. Das himmlische Kind spielt gern. Mit Blättern, Bäumen, Gräsern. Ich liebe dieses Spiel. Mag es, wenn meine Haare im Wind fliegen. Das himmlische Kind macht mich damit auch zu einem spielerischen Wesen. Und jedes Mal erkenne ich wieder: Ich kann es nicht sehen, das himmlische Kind – ich sehe nur, was es tut. Ich höre sein Rauschen in den Baumkronen und zwischen den Häusern mitten in der Stadt. Ich freue mich, wenn meine Gedanken durchgepustet werden, sobald ich die Fenster öffne. Und schau ich in den Himmel, sehe ich, wie es Wolken hin und her schiebt und Windräder drehen lässt. Und auf dem Wasser bläht es die Segel und formiert die Wellen. Säuselnd, pfeifend, heulend, brausend, wehend.

Es ist *ein* Wort, welches im Neuen Testament für Wind, Atem und Geist verwendet wird. Und damit sagt: Was du als äußere Bewegung wahrnimmst, geschieht in jedem Augenblick in dir.

Ein und aus. Ein und aus. Ein und aus.

So geht der Atem. Breathe in. Mit dem ersten Atemzug beginnt der Rhythmus des Lebens – das demokratischste Prinzip, das ich denken kann. Es braucht nicht eine Person mehr Luft als die andere! In diesem Rhythmus ereignen sich Gedankenstürme, Sinneswandel, Neuanfänge, tiefe Erkenntnisse. Sie können stürmisch und sanft sein, belebend oder durcheinanderwirbelnd, für klarere Sicht sorgen auf die Dinge des Lebens und zur Auseinandersetzung herausfordern.

Pneuma. Atem, Wind, Geist.

Über den Wind sagt Jesus zu Nikodemus in der Erzähltradition des Johannesevangeliums:

(...) beim Wind ist es so:

Er weht, wo er will. Du hörst sein Rauschen.
Aber du weißt nicht, woher er kommt und
wohin er geht. *(Johannes 3,8)*

Die Geistkraft Gottes. Unverfügbar, unbestimmbar, unberechenbar.

So mag ich Gott am liebsten. Als diese kreative Geistkraft. Sie hält mich lebendig. Hinterfragt mich. Schließlich befrage ich mich auch oft selbst nach dem Wind, nach dem Geist, der mich treibt, und nach der Kraft, die verbindet, die es vermag, alle anderen Geister zu durchwehen. Ein *wind of change*.

Die Seele ist wie ein Wind,
der über die Kräuter weht,
und wie der Tau,
der auf die Gräser träufelt,
und wie die Regenluft,
die wachsen macht.

Genauso ströme der Mensch
ein Wohlwollen aus auf alle,
die da Sehnsucht tragen.
Ein Wind sei er,
der den Elenden hilft,
ein Tau,
indem er die Verlassenen tröstet,
und Regenluft,
indem er die Ermatteten aufrichtet
und sie mit der Liebe erfüllt wie Hungernde,
indem er ihnen seine Seele gibt.

Hildegard von Bingen

So hängt alles zusammen. Wind, Geist, Atem in der Seele des Menschen. Unvergleichlich poetische Bilder von Hildegard von Bingen. Gott ist lebendig als Geist, Atem, Wind.

Und jetzt wünschte ich, man könnte **pneuma** auch mit Mut übersetzen:

Mut weht, wo er will. Du hörst sein Rauschen?

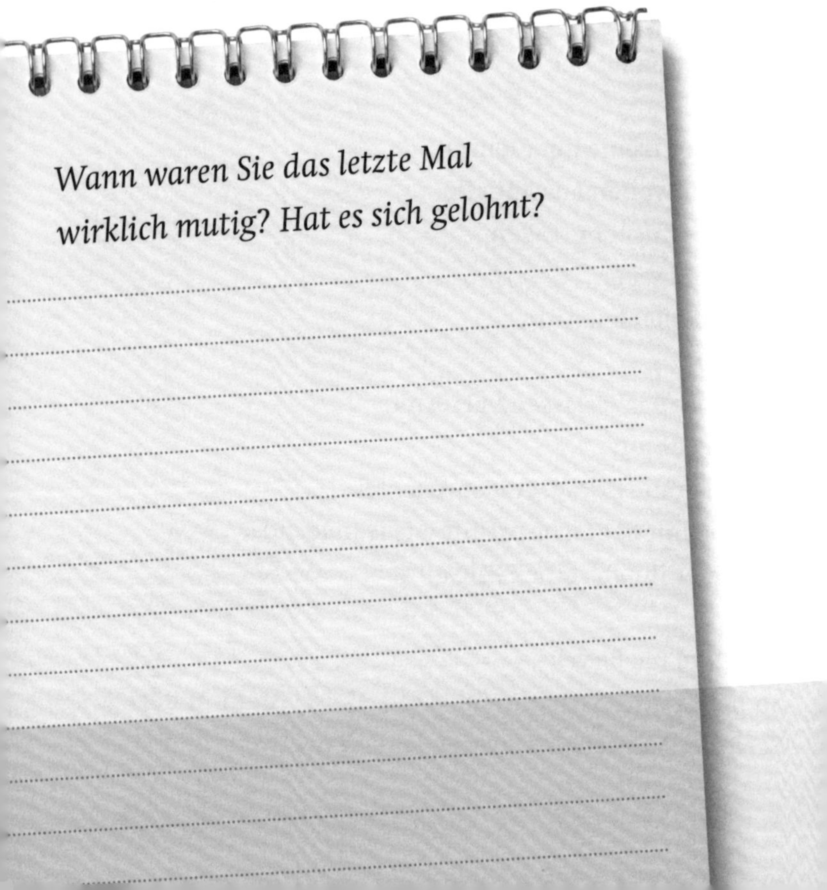

ATEM SCHÖPFEN

Martin Vorländer

Atem schöpfen.
Ich mag den Ausdruck.
Er hat so etwas Schöpferisches, Kreatives.
Der feine Stoff, aus dem etwas wird und entsteht.
Eine Idee, der rettende Einfall, ein Projekt, ein Fest.
So sprühend komme ich mir an manchen Tagen
nicht vor.
Eher angestaubt. Matschig wie ein Klumpen.
Nicht in Form. Aus der Puste.
„Da machte Gott der Herr den Menschen aus Staub von der Erde und blies ihm den Odem des Lebens in seine Nase."
Ich muss nicht alles aus mir selbst schöpfen.
Die Lebendigkeit kommt von woanders.
Fenster auf und Nase raushalten!
Da weht er, Gottes Odem.
Ich vertraue darauf
und hole tief Luft.
Atem schöpfen.

FASTENZEIT – EIN FENSTER ZUM HIMMEL

Rámon Seliger

Die Fastenzeit ist ein Fenster zum Himmel. Sie vermag neue Perspektiven zu eröffnen und Horizonte zu erweitern. Manchmal liegt das „Mehr" im „Weniger": etwas bewusst wegzulassen, zu verzichten oder einmal zu entschleunigen. In Zeiten von schneller, höher, weiter kann das eine heilsame Abwechslung und Unterbrechung eröffnen. Frische Luft für die eigenen Gedanken. Einmal zulassen, was sonst nicht sein kann und darf. Es ist ja nur für einen überschaubaren Zeitraum. Nur sieben Wochen – ist ja nicht für die Ewigkeit. Stimmt! Die besten Dinge passieren oft auf der Schwelle, in der flüchtigen Begegnung. Die Fastenzeit kann ein Experimentierfeld sein. In der Begrenzung entsteht Freiheit. Hier darf ich ausprobieren und mich neu ausrichten. Manchmal ist das ein Weniger. Aber oft wird aus dem „Weniger" ein „Mehr". Wir können entdecken, was wir nicht brauchen. Vorbei die Zeiten, in denen Fastenzeit vor allem Verzicht und Entbehrung bedeutet hat. Allzu oft war die Fastenzeit einseitig als Passions- und Leidenszeit verstanden worden. So konnten immer weniger Menschen etwas damit anfangen. Aber die Fastenzeit bietet

“Nur sieben Wochen – ist ja nicht für die Ewigkeit.”

mehr. Sie bietet neue Räume und stößt das Fenster weit auf: frische Luft für frische Gedanken! Ein Ort, an dem ich mich ausprobieren kann. Mit kleinen Schritten Großes verändern. Es beginnt ganz klein, als Experiment, nur vorübergehend. Aber es hat die Kraft, die Fenster zum Himmel weit aufzustoßen.

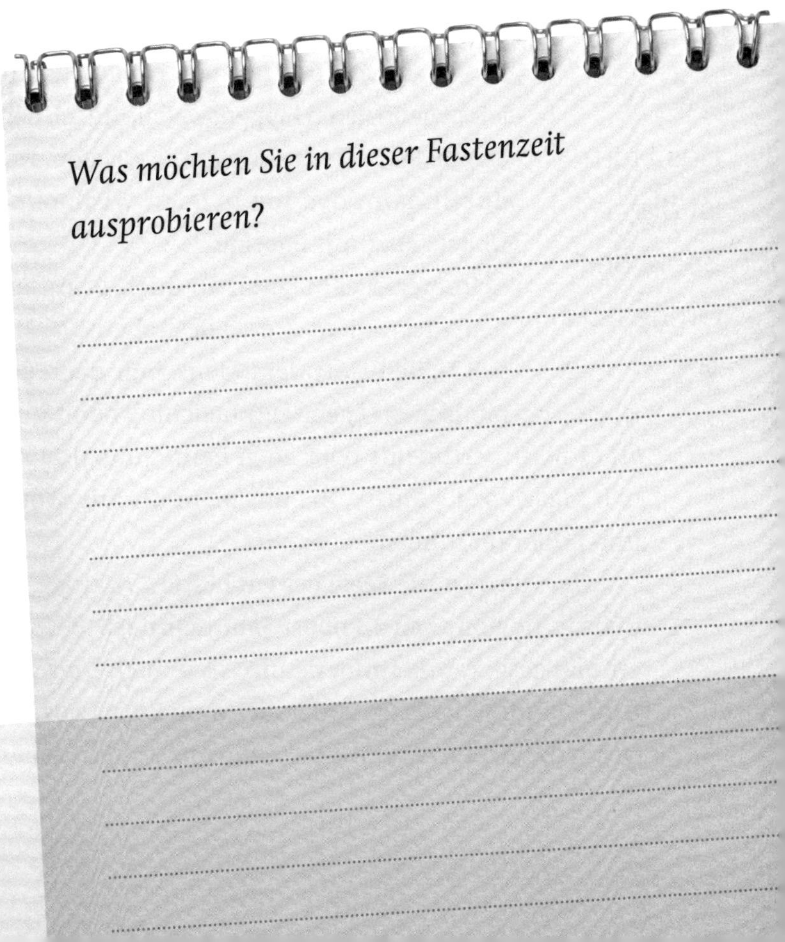

Fenster auf! – konkret

Günter A. Menne

Als leidenschaftlicher Hornspieler weiß ich um die große Bedeutung von: *Luft holen* – am liebsten bei geöffnetem Fenster: tief in den Bauch und bis in die Spitzen der Lungenflügel. Und dann fließen lassen, durch den weiten Hals und die leicht geöffneten Lippen, welche durch den Strom der Luft in Schwingung geraten, wodurch dann der Ton erzeugt wird, ohne Druck, aber mit Energie.

> „Das Horn ist die Seele des Orchesters."

Immer ist es magisch für mich, wenn aus dem *Atem* – dem „Odem des Lebens" (*1. Mose 2,7*), den Gott dem Menschen nach der biblischen Legende einhauchte – beim Spiel eines Blasinstruments oder auch beim Singen plötzlich *Klang* wird – Musik, die uns mehr als alle Worte und Bilder im Innersten berührt.

„Das Horn ist die Seele des Orchesters", hat der romantische Komponist Robert Schumann (1810–1856) einmal gesagt, und immer dann – wie auch im Kinofilm – kommt das Horn verlässlich zum Einsatz, wenn es um die großen Gefühle geht, die uns weiten, denen wir uns öffnen und die uns mit einem Mal (wieder) spüren lassen, dass wir lebendig sind.

Der Verlust aber jener Lebendigkeit und damit einhergehend auch vom Sinn unseres Daseins und Tuns ist dann oft der Anlass für ein Coaching – wenn jemand unversehens bei der Arbeit, im Privaten bemerken muss: Die Luft wird knapp, die Brust wird eng ...

In meiner Coaching-Praxis öffne ich meinen Klienten – bildlich gesprochen – dann ein Fenster und frage sie, was sie da draußen (oder richtiger: da drinnen, in ihrer Fantasiewelt nämlich) in dem Augenblick sehen: zum Beispiel einen idealen Arbeitsplatz. Nun machen wir uns gemeinsam auf und erkunden im Dialog, was diesen erträumten Ort so attraktiv macht.

Manchmal steht der altbekannte Schreibtisch in einer einsamen Berghütte. Oder in der sechsten Etage eines gläsernen Bürogebäudes, mit weitem Blick über die Stadt. In beiden Fällen steht die imaginierte Kulisse mit all ihren Details symbolhaft für ein echtes *Bedürfnis* – etwa nach Stille und Ungestörtheit oder nach Offenheit und Kontakt.

Das innere Bild gibt zusammen mit den Emotionen, die es erzeugt, Aufschluss über veränderte Bedingungen, unter denen Neues möglich erscheint. Dieses Neue ist nicht nur in der Berufswelt zu suchen: Im Freiraum der inneren Vorstellung zeigt sich immer der Wunsch nach etwas, das bis heute ungelebt geblieben war.

Durch das geöffnete Bürofenster des modernen Stadthauses – bleiben wir doch in diesem Bühnenbild der Imagination – wehen aus der Fußgängerzone die Klänge einer Geige, gespielt von einem Straßenmusikanten, herüber. Versetzen Sie sich bitte einmal selbst in diese Szene: Neugierig verlassen Sie Ihren Schreibtisch und nehmen im Eilschritt die Treppe nach unten, hinein in den Trubel – schon stehen Sie dort vor dem Mann mit der Geige.

Und der Klang der Violine führt Sie in diesem Moment vielleicht zurück in das Jahr vor dem Abitur, als Sie selbst so gerne im Schulorchester gespielt hätten. Aber eine Geige oder ein Klavier, das gab es damals zu Hause nicht – nur eine Mundharmonika. Im Studium dann und später im Beruf war es zu spät.

Nicht selten treten in der Situation einer solchen imaginierten Begegnung mächtige Gestalten der Vergangenheit hinzu: etwa der schon vor Jahren verstorbene Vater, der jetzt noch einmal seinen Ratschlag von einst ausspricht: „Die Musik ist ein schönes Hobby, aber eine brotlose Kunst – du musst etwas Ordentliches lernen!“ – ein *Glaubenssatz*, den Sie im Laufe des Lebens verinnerlicht und nie mehr hinterfragt haben.

Nun aber hören Sie die Musik als der erwachsene Mann oder die Frau, die Sie inzwischen geworden sind.

Sie schwelgen noch einmal in den Klängen des Instruments, zu dem Ihnen vor dreißig Jahren der Mut, die Mittel, die Erlaubnis fehlten, und Sie empfinden Trauer und Sehnsucht zugleich ...

Wenn Sie jetzt genau hinhören, dann vernehmen auch Sie vielleicht jenen berühmten Imperativ des Rainer Maria Rilke – „Du musst dein Leben ändern!“ – als persönliche Frage an sich selbst: Wenn nicht jetzt, wann dann? Mit der Frage und dem Appell ergreift Sie ein Sog: Er ist die Macht, die (mehr als jeder Druck) bewirken kann, dass wir aufbrechen, um endlich das zu verwirklichen, was wir eigentlich immer schon wollten.

> “Holen Sie noch einmal tief Luft, am besten am weit geöffneten Fenster – und vertrauen Sie dem Sog.”

Doch wie stelle ich das an? Ob das auch funktioniert? Bin ich nicht doch zu alt? Wenn Sie im Moment des *Heureka* womöglich die Panik ergreift, dann ist das normal. Mein Rat – obwohl man als Coach keine Ratschläge gibt, sondern den Leuten behilflich ist, auf eigene Gedanken zu kommen: Holen Sie noch einmal tief Luft, am besten am weit geöffneten Fenster – und vertrauen Sie dem Sog.

Viele Klienten, aber auch meine eigene Geschichte, im reifen Alter von siebenundfünfzig Jahren den „unmöglichen“ Plan umzusetzen, mit dem Horn noch eines der wohl schwierigsten Instrumente überhaupt spielen zu lernen, haben mich gelehrt, dass es zu *jeder* Zeit möglich ist, dem Leben einen neuen Klang zu geben.

Die Fastenzeit ist eine gute Zeit, etwas Neues zu beginnen. Und auf Entdeckungsreise zu gehen nach unserer Sehnsucht, ein lebendiges Wesen zu sein – so wie Gott uns gewollt hat. Was es dazu für Sie braucht, werden Sie unterwegs finden, und Sie werden wissen, dass Sie's gefunden haben, wenn Sie den Sog spüren.

Was würde in Ihnen einen Sog auslösen?

7 WOCHEN OHNE

Seufzen / 2

Denn wir wissen nicht, was wir beten sollen, wie sich's gebührt, sondern der Geist selbst tritt ein für uns mit unaussprechlichem Seufzen.

Römer 8,27 (Lutherbibel 2017)

Seufzen

Ralf Meister

BIBLISCHE MINIATUR
ZU RÖMER 8,27

Wenn ich mit meinem besten Freund unterwegs bin, kann es sein, dass wir eine gute Weile nebeneinander hergehen, ohne ein Wort zu reden. Oder wir sitzen stumm nebeneinander, hören das Schlagen der Wellen, spüren den Wind und sehen das Abendrot. Keine Handy-Fotos, keine Nachrichten. Unteilbare Augenblicke. Wir nehmen dasselbe wahr, aber jeder auf seine Weise. Für den Moment genügt das. Irgendwann begegnet sich unser Blick, vielleicht gibt es einen hörbaren Atemzug. Wir stehen auf. Und dann kommen die Worte zurück. Verbunden aber waren wir auch ohne sie. Intensiv, vertraut, lebendig. Solches Schweigen geht mit einem Freund. „Wir verstehen uns ohne Worte", sagen Menschen und meinen damit eine besondere Beziehung.

Beten, könnte man meinen, sei Reden. Als wollten wir Gott die Welt erklären. Oder als hätten wir eine

Sitzung bei ihm, um ihm unser Denken und Fühlen offenzulegen. Ich schätze, er wird es uns verzeihen. Er kennt uns, er weiß es schon längst. An seiner Seite zu sein, braucht keine Worte. Die Worte dürfen fehlen. Trotzdem betet es in uns. Ein mitfühlender Geist, der uns seine Stimme gibt. Ein unaussprechlicher Seufzer, der in uns aufsteigt, kann unser innigstes Gebet sein.

Wie viele unhörbare Gebete werden auf diese Weise gesprochen. Wie viele Anlässe sind in der Welt, die uns zu erleichtertem oder sorgenvollem Seufzen veranlassen. Über die Seufzerbrücke in Venedig gehen Tausende von Paaren. Sie suchen in all dem Gewusel und Lärm den Moment, der nur ihnen gehört. Sie sehen sich an. Ihr Blick ist ein Versprechen, ihr Seufzen voller Liebe. Früher sollen Gefangene auf dieser Brücke nach der Freiheit geseufzt haben. Seufzen hat unendlich viele Stimmlagen. Es ist ein Atemzug der Seele. Aus tiefster Innigkeit, aus Sehnsucht, Verzweiflung oder Hoffnung.

Im Seufzen strömt heraus, was zu viel ist, als dass wir es bei uns behalten könnten. Das enge Herz wird weit. Die beklommene Brust atmet frei. Gottes Geist hilft dazu. Sieben Wochen sollen wir erinnert sein, dass wir die Dinge ausatmen dürfen. An seiner Seite müssen wir nichts bei uns behalten. Gott geht neben uns. Er sieht, was wir sehen. Er hört unseren Atem. Er versteht unser Seufzen.

„Wer in die Höhe will,
muss Ballast abwerfen.“
Michael von Faulhaber

ATEM LOS 2

Fabian Vogt

Andrea konnte es kaum fassen: Sie waren alle wieder da! Zum zweiten Treffen. Im Gemeindehaus. Nici mit ihrem Säugling, die etwas bärbeißige Annette, Peter, der diesmal seine Gitarre mitgebracht hatte, Yvonne und Günther, der „Pensionist“.

Nur Jochen fehlte, aber der hatte sich schon vergangene Woche entschuldigt, er müsse an diesem Termin zu einem Klassentreffen: fünfundzwanzig Jahre Abitur. Egal! Offensichtlich wollten alle wieder mit dabei sein.

Andrea begrüßte jede und jeden Einzelnen, freute sich, dass sie sich beim ersten Mal auf das „Du“ geeinigt hatten – und überreicht allen Anwesenden ein Glas Sekt.

„Was gibt’s denn zu feiern?“, fragte Yvonne.

Andrea lachte: „Keine Ahnung. Aber für mich gehört zum Thema ‚Luft holen‘, dass ich öfter mal ... das Leben feiern will. Ohne Grund. Obwohl: Dass wir leben, ist doch Grund genug. Auf jeden Fall: Ich freue mich, dass ihr da seid. Zum Wohl!“

Sie stießen aufs Leben an. So entspannt, dass es sich ganz selbstverständlich anfühlte.

Anschließend machte Andrea mit der Gruppe eine einfache Atemübung: vier Sekunden Einatmen, sechs Sekunden Ausatmen. Mit einem Timer. Mehrere Minuten lang. Bis Günther sagte: „Wahnsinn! Fühlt sich absolut gut an."

Andrea nickte: „Ja, und es ist ganz simpel: Wenn wir länger aus- als einatmen, regt das den Parasympathikus an, den Teil des Nervensystems, der für die Entspannung zuständig ist. Hab ich jedenfalls gelesen.

“Wahnsinn! Fühlt sich absolut gut an.”

Außerdem braucht man zum Ausatmen keine Muskelspannung, das heißt: Wir lassen total locker. Und sorgen dafür, dass die verbrauchte Luft den Körper verlässt, bevor wir neu einatmen. Es gibt Studien, die belegen, dass wir alle zu flach atmen und das Einatmen wichtiger nehmen als das Ausatmen. Sollten wir aber nicht."

Die meisten nickten.

Nur Annette starrte auf den Boden: „Ist ja im Leben auch so. Wir kümmern uns mehr ums Bekommen als ums Loslassen."

Günther schaute sie an: „Wie meinst'n das?"

Die ehemalige Kommissarin zögerte einen Moment, dann antwortete sie: „Ich bin hier, weil ich echt mal

Auftanken muss. Hab aber schon letzte Woche gemerkt: Ich sollte wohl erst ein paar Dinge hinter mir lassen, bevor ich neu starten kann."

Andrea nickte: „Magst du drüber sprechen?"

Annette schluckte, dann erzählte sie: „Ein einziges Mal ist in meiner Dienstzeit auf mich geschossen worden, kurz vor meiner Pensionierung. Der Typ hat mich verfehlt, ich habe zurückgeschossen ... und ihn erwischt. Dann ist er vor meinen Augen verblutet. Entsetzlich. Lässt mich nicht mehr los! Diese Bilder würde ich gerne hinter mir lassen. Ihr könnt euch gar nicht vorstellen, wie sehr."

Plötzlich hob sie den Kopf und lächelte verhalten: „Komisches Gefühl ... dass ich euch das erzähle. Aber es ... es macht was mit mir. Als würde ich ... im wahrsten Sinne des Wortes ... meine Last mit euch teilen."

Und dann fingen jede und jeder an zu erzählen, was sie oder er gerne loslassen würde. Sehr ehrlich. Bis Andrea eine Postkarte mit einem Bibelvers in die Mitte legte, die sie vorbereitet hatte: *„Der Geist tritt für uns ein mit unaussprechlichem Seufzen."*

Nici schmunzelte: „Wenn selbst der Geist bei dem seufzt, was wir zu tragen haben, dann nimmt er das mit dem ‚Für uns Eintreten' wohl ziemlich ernst."

Bevor sie tiefer einsteigen konnten, nahm Peter seine Gitarre und stimmte ein Lied an, das alle erkannten. „Hey! Das ist ‚Let it be'", rief Yvonne, „na klar,

‚When I find myself in times of trouble‘ – ‚Wenn’s mir dreckig geht, dann sagt mir jemand ‚Let it be‘ – ‚Lass es sein‘ oder ‚Lass es geschehen‘ ... quasi ‚Versöhn dich damit.‘“

Später würden alle sagen, so berührend hätten sie ‚Let it be‘ noch nie gesungen. Vielleicht, weil es sich angefühlt hatte, als würden sie einander das Lied zusingen.

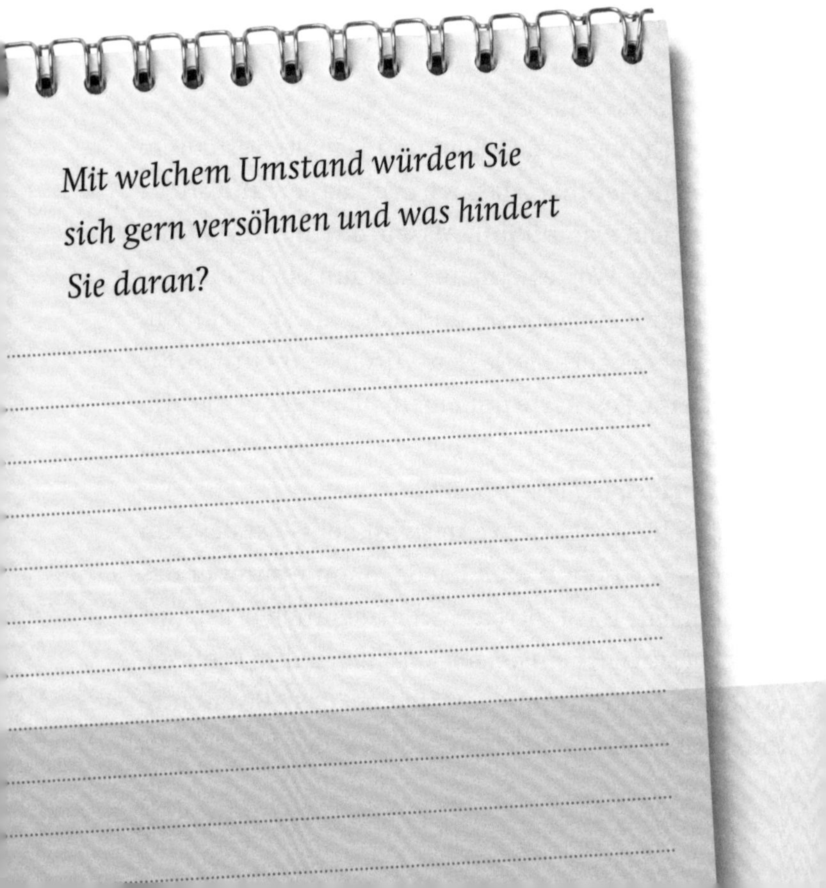

SEUFZEN KANN EIN ANFANG SEIN

Ralf-Uwe Beck

Wer hat sich denn das Motto für diese Fastenzeit ausgedacht? Vielleicht jemand, der eine Weile Nachrichten gefastet hat (wofür ich durchaus Verständnis hätte). Zur Fastenzeit im vergangenen Jahr haben wir das 1,5-Grad-Ziel gerissen. Zum ersten Mal war es zwölf Monate lang durchschnittlich 1,5 Grad wärmer. Die das gemessen hatten, wollten das als Warnung an die Menschheit verstanden wissen. Noch wärmer sollte es nicht werden, damit die Erde für uns bewohnbar bleibt. Das hatte sich die Weltfamilie bei ihrem Klima-Treffen in Paris 2015 vorgenommen. Falls das nicht gelingt, nun ja, werden das mehr als drei Milliarden Menschen zu spüren bekommen. Mehr oder weniger. Je wärmer, umso mehr. „Ich will, dass ihr in Panik geratet, dass ihr die Angst spürt, die ich jeden Tag spüre“, hatte Greta Thunberg der Politik vorgehalten. Zornig und: angemessen. Aber ohne wirkliche Wirkung. Wir steuern längst auf 2,5, drei oder vier Grad Erwärmung zu. Aber bloß keine Panik! Wie oft sehen oder hören wir Nachrichten, seufzen und denken: Das kann doch nicht wahr sein, das ist ja furcht-

“ Noch wärmer sollte es nicht werden, damit die Erde für uns bewohnbar bleibt. ”

bar, da muss widersprochen, etwas unternommen, nun doch umgesteuert, geholfen werden. Ein Leserbrief vielleicht, eine Petition, irgendwo Mitglied werden, mindestens spenden, ein paar Dinge im Alltag ändern? Diese Gedanken halten oft nicht länger als der Seufzer lang ist. Und schon sinke ich wieder zurück aufs Sofa, das mir zuraunt: Hey Alter, bleib ruhig, das Leben geht weiter, hol tief Luft und schieb keine Panik. Aus dem Seufzer wird also wieder einmal ... nichts. Nur werden sich so die Dinge kaum ändern. Dabei kann seufzen, ein Anfang sein. Noch sind wir wortlos, zu mehr als einem Seufzer nicht fähig. Seufzen ist eine nonverbale Reaktion. Deshalb steht in den Sprechblasen der Comics dann „seufz, ächz, stöhn“. Wie wunderbar wäre es, würden dem Seufzen Worte folgen und denen dann Taten. Irgendetwas. Nicht jeder Seufzer muss uns zum Aufbruch treiben, aber es muss auch nicht jeder Seufzer folgenlos vergehen. Die Fastenzeit ist dazu da, Gewohnheiten und Gewöhnliches zu überdenken. Auch unsere Ausreden. Seufz.

> “Hey Alter, bleib ruhig, das Leben geht weiter, hol tief Luft und schieb keine Panik.”

ATEMGEBET MIT DEN VIER ELEMENTEN

Christina Brudereck

Ich bete mit den Elementen.
Wasser. Meine Tränen gehören mir.
Feuer. Eine Kerze brennt.
Erde. Ich habe festen Boden unter den Füßen.
Luft. Ich atme.

Jeder Seufzer ist ein Gebet.
Jedes Schluchzen.
Jedes Aus- und Einatmen.
Mein Gebet ohne Worte.

Ich sitze aufrecht.
Mit geschlossenen Augen.
Spüre den Boden unter meinen Füßen.
Atme bewusst aus und ein.
In meinem eigenen Rhythmus.

Ich atme aus. Lasse los.
Ich mache Platz in mir.
Dann atme ich ein. Hole tief Luft.
Ich bereite mich vor für Neues.

Im Ausatmen sage ich: „Ich. Lasse mich los."
Im Einatmen sage ich: „Du! Bist da."

Die Regelmäßigkeit ist wohltuend.
Die Wiederholung beruhigt mich.

Ich bete mit den Elementen.
Tränen können zu Wasser des Lebens werden.
Dein Feuer soll mich wärmen,
damit ich Licht weitergeben kann.
Der Boden unter unseren Füßen ist deine Welt.
Ich hoffe auf das neue Land, das kommt.
Du bist wie die Luft, unsichtbar und doch da.
Und wir alle brauchen sie.
Ich weiß mich verbunden.
Dein Lebensatem will mich beseelen.

Ich bete.
Ich danke für Wasser, Feuer, Erde und Luft. Amen.

PERSÖNLICH UND LEISE

Andreas Lau

Das Seufzen ist ein Stiefkind. Nein, wirklich. Es ist hineingeraten in die Familie der Klage. In dieser Familie wirkt es schwach und unbeachtet. Die großen Stiefgeschwister Ärger, Zorn und Empörung hingegen sind viel kraftvoller und beliebter. Sie sind auf unzähligen Kanälen zu erleben, gebündelt als Shitstorm, gedruckt auf T-Shirts, digital in die Welt gepostet, gegossen in Sprache und Bilder. Meistens treten die Stiefgeschwister gemeinsam auf, denn dann sind sie besonders schlagkräftig.

Da kann das Seufzen nicht mithalten. Es fühlt sich fremd in dieser Familie. Es ist zu leise, weil ihm die Sprache fehlt. Es kann nicht geteilt werden, sondern nur von jedem Einzelnen entfaltet werden. Hin und wieder wird es öffentlichkeitswirksam instrumentalisiert. Etwa wenn der Ärger das Seufzen lautstark in der Menge nachahmt und als kleine Ouvertüre seiner Tiraden inszeniert.

Manchmal, in einsamen Stunden, erinnert sich das Seufzen an früher. Eigentlich war es göttlichen Ursprungs. Doch seit Gott für tot erklärt wurde, verlor es diesen göttlichen Glanz. So lebt es nun als Stiefkind in einer Welt, die vergessen hat, wie viel Kraft einst in ihm lag. Früher war das Seufzen ein Gebet. Ein vertrautes Gespräch zwischen Gott und Mensch. Wie zwei, die sich gut kennen und einander auch wortlos verstehen. Es war die Befreiung der Seele gegenüber Gott, ohne sich als Ärger im Umfeld Luft machen zu müssen. Es war das laute Ausatmen von allem, was die Seele quälte, um mit dem nächsten Atemzug anders gefüllt zu werden.

“ Dieses Seufzen wartet, bis es gefunden wird. ”

Dieses Seufzen wartet, bis es gefunden wird – nicht in der Masse, sondern im Kleinen, ganz persönlich. Es wartet, um wieder davon zu zeugen, dass Gott nicht tot ist, sondern für ihn manchmal nur die Worte fehlen. Es wartet! Nicht, um alles zu erklären, sondern um tröstend in den Arm zu nehmen. Um denjenigen Sprache zu sein, die Gott nicht finden konnten in dem, was man so sagt.

„Denn wir wissen nicht, was wir beten sollen, wie sich's gebührt, sondern der Geist selbst tritt für uns ein mit unaussprechlichem Seufzen."
Römer 8,27 (Lutherbibel 2017)

UNAUSSPRECHLICHES SEUFZEN

Burkhard Weitz

Meine Mutter hat mir eine Szene erzählt, die sie als Kind erlebte und die mir seither nie mehr aus dem Kopf gegangen ist. Sie ereignete sich 1944, als Todesbenachrichtigungen die Dörfer der Wesermarsch erreichten. Meine Großeltern, beide Anfang dreißig, werden damals oft schweigend am Küchentisch gesessen haben.

Mein Großvater hatte sich bereits 1940 beim deutschen Überfall auf Frankreich eine schwere Verletzung zugezogen. Er musste nicht mehr in den Krieg. Er war Pfarrer. Und er hatte ein Telefon. Der Wunderapparat stand in der Diele. Und meine Mutter, ein Kind von sieben Jahren, sah eines Tages ihre Mutter Anna den Hörer abnehmen und dann so erschütternd weinen, wie sie sie vorher und nachher nie weinen sah.

Onkel Horst war tot, „an der Ostfront gefallen", wie es hieß. Warum diese Nachricht Anna mehr erschütterte als jede andere vorher und nachher, weiß meine Mutter nicht. Onkel Horst war der Verlobte von Annas Schwester, und man erzählt sich, dass die beiden sehr ineinander verliebt waren.

„Der Geist hilft unser Schwachheit auf, denn wir wissen nicht, was wir beten sollen, wie sich's gebühret; sondern der Geist selbst vertritt uns aufs Beste mit unaussprechlichem Seufzen." Bei diesem Satz aus dem Brief des Paulus an

die Römer stelle ich mir meine Großmutter vor, wie sie bei der Todesnachricht kraftlos zusammensackt, ein Bündel Elend. Ich stelle mir vor, dass der Hörer baumelt und sie den Kopf in die Hände stützt.

Über das Gebet schrieb der Theologe Karl Barth in seiner Auslegung des Römerbriefs: „Das Gebet ist keinesfalls ‚das Wunder der Wunder, das sich täglich in der Seele des Frommen vollzieht, weil das Streben nach Befestigung, Stärkung und Steigerung des eigenen Lebens das Motiv alles Betens ist‘. ... Denn dies vermag nur eines anschaulich zu machen: wie wenig auch der betende Mensch über das Eigene, Gedachte und Erlebte hinauskommt."

Ich kann auch wenig mit Selbsterbauung anfangen. Aber ich glaube, das unkontrollierte Schluchzen und Seufzen meiner Großmutter als ein Gebet verstehen zu können. Als ein Gebet, das sie trotz ihrer inneren Leere ausrichtet und eine Klage gegen Gott formuliert. Ein Gebet, das sich nicht mit dem sinnlosen Sterben im Krieg abfinden will. Nur spricht nicht Anna dieses Gebet, sondern Gottes Geist.

„Wir schauen aus", schreibt Karl Barth weiter, „aber dass wir zuerst angeschaut sind, das unterscheidet uns von solchen, die ins Leere schauen." Auch meine Großmutter, als sie da zerstört am Boden lag, wurde von Gott gesehen. Gott füllte ihre Leere aus. Und sie lag in Gottes Hand.

HERZENSLEID

Jörg Uhle-Wettler

„Lara war nicht fromm." – so schreibt es Boris Pasternak in seinem Roman „Dr. Schiwago".

„Nur, wenn ihr Herz so schwer war wie das der Katharina in Ostrowskis Gewitter – dann ging sie in die Kirche, um zu beten."

Niemand kennt mehr Ostrowskis Gewitter, aber man ahnt dennoch, wie es Lara geht.

Der Magdeburger Dom hat täglich viele Stunden geöffnet. Oft sitzt eine „Lara" einfach nur da, in sich gekehrt, nachdenklich, betrübt. Die Domküster dürfen sie nicht ansprechen. Sie sollen nicht den Fehler machen, der dem Tempeldiener Eli im 1. Kapitel des Ersten Samuelbuches unterlief. Dort heißt Lara Hanna.

In ihrer ganzen Hilflosigkeit, Schmach und Trauer fasst sie sich eines Tages ein Herz und „tritt vor den Herrn". Für ihr Gebet ist ein Seufzen zu schwach. Sie betet unter vielen Tränen und legt ein Gelübde ab. Dem Tempeldiener ist Hanna unheimlich. Sie muss betrunken sein, denkt er – und weist Hanna zurecht. Vermutlich ist er auch gekränkt, weil sie seinen Dienst nicht in Anspruch nimmt. Eine Frau, die sich direkt an Gott wendet, das kommt in Elis theologischem Horizont nicht vor.

Hanna entschuldigt sich und sagt: „Ich habe nicht getrunken, sondern ich habe vor dem Herrn mein Herz ausgeschüttet. [...] Ich habe aus meinem großen Kummer und Herzeleid so lange geredet.“ Eli lenkt ein und verheißt Hanna, dass Gott ihre Bitte erhören wird. Das ist tapfer. Er weiß ja nicht, was sie bittet. Zugespitzt könnte man schreiben, Gott braucht keine Tempeldiener!

Hannas größte Bitte geht in Erfüllung, sie wird schwanger. Sie trägt einen Jungen unter dem Herzen, den sie Samuel nennen wird.

Unser Herz schlägt in fünfundsiebzig Jahren drei Milliarden (!) Mal. Es schlägt, bevor wir geboren werden.

Die Diagnostik hochmoderner bildgebender Methoden wie MRT oder CT geben bei typischen Herzbeschwerden im Brustbereich nur in 30 Prozent Hinweise auf eine organische Erkrankung. 70 Prozent bleiben ungeklärt.

Besuchen Sie eine Kapelle, Dorfkirche oder Kathedrale in dieser Fastenzeit. Geben Sie Ihrem Herzen einen Stoß und atmen Sie tief durch.

In meiner Beerdigungsagende habe ich mit Bleistift einen Satz aus der Kirchengeschichte des 4. Jahrhunderts notiert: Unser Herz bleibt unruhig, bis dass es ruht in dir.

Seufzen – konkret

Günter A. Menne

Wenn in unserem Alltag der Druck groß wird oder die Angst, dann kommt es mitunter vor, dass wir ein Stoßgebet zum Himmel schicken, wenn auch (im Büro, im Bus oder im Supermarkt) meist nur in Gedanken. Oft wissen wir dann gar nicht genau, was wir beten sollen, und „der Geist selbst tritt für uns ein mit unaussprechlichem Seufzen" *(Römer 8,27)*.

Was genau aber hat es mit diesem – wenn wir der Bibel glauben: offenbar *geistvollen* – Seufzen auf sich, das unserer Brust in solchen Momenten, wenn wir Bedrückung erleben, aus tiefster Tiefe entfährt?

Meiner Erfahrung nach ist *dieses* Seufzen mehr als nur der hörbare Ausdruck eines situativen Wunschs nach Entlastung, sondern eine Botschaft: Was wir da manchmal leise aus unserem eigenen Inneren vernehmen, das ist die Stimme unserer Seele.

Diese Stimme kündet – mit ihrem wortlosen Seufzen – fast immer von einem unerfüllten Bedürfnis, einer verborgenen Sehnsucht, die im tiefsten Wesen zu uns gehört, und damit von etwas, das der Schriftsteller Golo Mann einmal „die wahre Wahrheit" genannt hat.

In meiner Praxis beginnt in einem Coaching mit so einem Seufzen dann häufiger jene Erkundung des Wesentlichen, das von meiner Klientin oder meinem Klienten ersehnt wird, weil es bisher fehlte.

Manchmal zeigt sich schon bald, dass etwas Altes jenem „Wesentlichen“ im Wege stand und nun – mit einem Seufzen – losgelassen und nicht selten auch betrauert werden muss, damit das Neue wachsen kann.

Das kann ein überlebter Auftrag sein – ob von anderen oder sich selbst erteilt – wie der, doch noch eine Doktorarbeit zu schreiben (die aber seit fünfzehn Jahren als bloßes Vorhaben schubladisiert ist). Oder ein Familienskript aus der Kindheit, das jetzt aktualisiert werden darf.

Eine wunderbare Methode, dem auf die Spur zu kommen, was – gerade in der Fastenzeit – an Ballast mit einem Seufzer der Erleichterung abgeworfen oder aber an frischer Nahrung für die Seele aufgenommen werden sollte, ist *Das Innere Team* von Friedemann Schulz von Thun, für deren Durchführung Sie übrigens keinen Coach brauchen, sondern nur seine gut geschriebene Anleitung. (Friedemann Schulz von Thun, Erfülltes Leben. Ein kleines Modell für eine große Idee, München 2023)

Das Innere Team basiert auf der Idee, dass ich mich als Person aus zahlreichen Einzelpersönlichkeiten zusammensetze, die alle mit ihren Eigenschaften und

Bedürfnissen („Die brave Tochter“ oder „Der Klassenclown“) im Leben und vor allem in bestimmten Situationen ihr Eigenleben führen, etwa im Beruf, in der Partnerschaft oder auf einem Familienfest: Sie in Einklang zu bringen, damit sie als Team miteinander agieren und nicht gegeneinander, das ist die Kunst!

Diese Kunst kann manchmal auch schlicht darin bestehen, einem unserer inneren Anteile – nennen wir ihn „Den Unerhörten“ – einfach nur mal gut zuzuhören, ihn sprechen und ausreden zu lassen, ihn mit seinen Bedürfnissen ernst zu nehmen und ihm eine sinnvolle Aufgabe im „Team“ zu geben, damit er (vielleicht mit einem tiefen Seufzer) dort endlich zur Ruhe kommen kann.

> “Manchmal zeigt sich schon bald, dass etwas Altes jenem „Wesentlichen“ im Wege stand.”

Und mit Hilfe dieses spielerischen Modells oder auch auf anderen Wegen jener heilsamen Erkundung, die bisweilen mit einem tiefen Seufzer der Seele beginnt, wird bald klarwerden und in aller Deutlichkeit hervortreten, was wir im Leben jetzt *brauchen* und dem Leben jetzt *geben* wollen – und nun auch können: aus der Fülle eines neu erfahrenen Reichtums nämlich die Verwirklichung des für uns Wesentlichen.

Mit der Entdeckung des Wesentlichen wird augenblicklich auch jener Sog spürbar (vgl. 1. Woche: *Fenster auf!*), der mit seiner Energie alles in Fluss bringt. Diese fluide Kraft aber ist die Voraussetzung dafür, dass die Entscheidung – für einen Jobwechsel, für den Ruhestand oder dafür, ein Musikinstrument zu erlernen – nicht nur fällt, sondern auch tragfähig ist: Der Sog schafft und erhält jene Motivation, die es braucht, auch jene Mühen auf sich zu nehmen, die auf einen warten, wenn man, so wie ich, die verrückte Idee in die Tat umsetzt, mit Ende fünfzig das Hornspielen zu erlernen! Doch glauben Sie mir, auch ich musste in meinem ‚Inneren Team' erst einmal „Den Kostenrechner" ruhigstellen, der vehement bezweifelte, ob sich *das* wohl noch lohnen würde.

Mit frischem Mut etwas Neues ergreifen oder mit neuer Gelassenheit etwas Altes loslassen, in beiden Fällen kann das mit jenem „unaussprechlichen Seufzen" aus dem 8. Kapitel des Römerbriefs (Vers 27) einhergehen, mit dem „der Geist selbst" für uns eintritt. Sei es, dass uns jenes Seufzen unserer Seele den Weg weist, oder sei es, dass es mit einem Dankgebet einhergeht, wenn wir gefunden und getan haben, wonach wir uns schon so lange sehnten oder was uns endlich befreit.

7 WOCHEN OHNE

Singen / 3

(Der Prophet Jona wird von einem großen Fisch verschluckt. Im Bauch des Fisches betet er zu Gott und stimmt ein Lied an.)

„Aus dem Innern des Totenreichs rief ich um Hilfe.
Da hast du mein lautes Schreien gehört.
In die Tiefe hattest du mich geworfen.
Alle deine Wellen und Wogen –
sie schlugen über mir zusammen!
Da dachte ich: Jetzt bin ich verloren,
verstoßen aus deinen Augen.
Das Wasser stand mir bis zum Hals.

Du aber hast mein Leben aus dem Abgrund gezogen,
du Herr, du bist ja mein Gott.
Mein Gebet drang durch zu dir.
Hilfe findet sich beim Herrn!

Da befahl der Herr dem Fisch, Jona an Land zu bringen.
Dort spuckte der Fisch ihn aus."

Jona 2,3–11 in Auszügen (BasisBibel)

Singen

Ralf Meister

BIBLISCHE MINIATUR
ZU JONA 2,3–11

Wie wird es ausgehen? Wohin geht die Reise? Jona ahnt nicht, was ihm geschieht. In welchen Schlund er geraten ist. Schwimme ich dem Leben entgegen, oder frisst mich der Tod? Die Passionszeit spannt die Flügel der Gefühle sehr weit aus.

Melodien haben Flügel. Sie kommen geflogen, ohne dass ich sie rufe. Es kann eine Zeile von Paul Gerhardt sein, die Melodie eines Chorals. Manchmal ist es ein wieder auferweckter Refrain von damals, der einen Gefühlsrausch aus dem tiefen Vergessen an die Oberfläche wirft. Gedanken wirbeln. Schwer zu fassen. Immer wieder schafft es ein Melodienvogel, im Wirbel aufzusteigen. Er summt erst stimmlos, dann summe ich mit. Eine Textzeile gesellt sich dazu. Eine erste Kontur zeigt sich, eine schemenhafte Form, die sich abzeichnet. Ein erster Halt im Nichts.

Wenn man im Fisch singen kann, kann man es überall. Wenn das Totenreich der Resonanzraum für den Lebensschrei ist, kann niemand irgendwo verstummen. Der Melodienvogel steigt im Finstern wie im grellen Licht auf. Er hält Ausschau nach dem Land weit hinter dem Horizont. Singen lässt die Hoffnung fliegen. Auf die alte Melodie singt Jona von brechenden Wellen und Dunkelheit. Aber sind Schicksale immer schon fertig gedeutet? Mag es nicht sein, dass sie sich umdeuten lassen? Dass ich nicht im Abgrund, sondern auf dem Weg bin? Mag es nicht sein, dass selbst der Todesrachen sich zur Rettung auftut? Der singende Prophet stiftet uns an, dass wir singen und darin beginnen zu hoffen und zu glauben.

> “Wenn man im Fisch singen kann, kann man es überall.”

Wie gerne träfe ich solche wie ihn, die Lieder haben, auch wenn es eng wird. Viele grübeln, wie alles noch wird. Wer fragt nicht: Worauf läuft es hinaus? Abgründe schlagen über den Menschen zusammen aus Naturgewalt, Menschengewalt, Schicksalsgewalt. Lieder geben der Not eine Stimme. Aber vor allem, sie setzen sich darüber hinweg. Sie erheben sich daraus. Sie halten den Horizont offen. Sie protestieren gegen die Wirklichkeit. Zeuginnen des Widerstands und starker Hoffnung. Sie geben sich nicht zufrieden mit den Deutungen des Endes.

Denn es wird sein, dass Gott spricht. Es mag sein, dass im Fall in die Tiefe schon seine Stimme erklingt. Wie der Fisch den Propheten freigibt, finden Menschen Boden unter den Füßen. Wie er neues Land sieht, eröffnen sich Perspektiven. Und wir singen, erheben unsere Stimme, dass wir leben, das wunderbare Leben in ihm.

„Wir befinden uns nicht auf unserer Reise,
um die Welt zu retten,
sondern um uns selbst zu retten.
Aber indem wir das tun,
retten wir die Welt."
Joseph Campbell

ATEM LOS 3

Fabian Vogt

Jochen war wieder mit dabei und begrüßte alle überschwänglich. Und ärgerte sich gleich, dass er die spontane ‚Let it be'-Session beim letzten Mal verpasst hatte. „Ey, Mann, ich singe so gerne. Yeah, yeah, yeah."

Peter deutete nur grinsend in die Ecke des Raumes, in der seine Gitarre bereitstand. „Das kriegen wir schon."

Andrea eröffnete das dritte Treffen des Gesprächskreises mit einer kurzen Austauschrunde: „Was beschäftigt uns gerade? Was macht uns das Leben leicht? Und: Was macht uns das Leben schwer?"

Nici erzählte von ihren Überlegungen, auch mit dem Baby wieder einige Stunden als Anwältin zu arbeiten, in der Kanzlei ihres Vaters, Annette hatte in der Woche ihre drei Enkelinnen gesittet, Peter probte für eine Musical-Produktion, und Günther hatte im

Garten ‚geschuftet', Frühjahrsputz, wie er es nannte: „Die Forsythien blühen schon."

Als Yvonne an der Reihe war, legte sie den Kopf zur Seite: „Um ehrlich zu sein: Ich hab zurzeit Probleme im Job. Macht keinen Spaß. Es geht darum: Ich soll als MTA unser neues Röntgengerät bedienen, hab aber überhaupt keine Einweisung bekommen. Das Ding ist voll digital, da brauchst du ein Informatik-Studium für ... und jetzt hat mich mein Chef angepflaumt, warum ich damit nicht zurechtkomme. So ein Mist. Ich krieg ja nicht mal Zeit, mir die ganzen Funktionen in Ruhe anzugucken."

„Na, dann geig ihm halt die Meinung", warf Jochen trocken ein.

„Nicht so einfach. Ich bin noch in der Probezeit."

Jochen biss sich auf die Unterlippe und schaute Yvonne an: „Weil du das gesagt hast ... darf ich kurz von meinem Klassentreffen berichten?"

Alle nickten.

„Also: Erst mal dachte ich, ich wäre falsch, da waren lauter alte Leute. Sorry, kleiner Kalauer." Er hob entschuldigend die Hand: „Ne, war echt klasse, die alle wiederzusehen. Allerdings ... es gab da einen Typen ... der schon vor fünfundzwanzig Jahren jeden schikaniert hat. Heute würde man das Mobbing nennen. Der hat Lügen verbreitet, Mitschüler knallhart ausgeschlossen, Leute runtergemacht ... das volle Programm eben.

Und jetzt stellt euch vor: Auf dem Klassentreffen ging's wieder los. Da gab es eine Frau, die schon in der Schule total schüchtern war. Und er sagt zu ihr: ‚Du hast drei Kinder? Echt? Du hast einen Mann abbekommen?' Sollte wohl ein Witz sein. Zündete aber gar nicht. Ich habe gesehen, wie ihr die Tränen gekommen sind.

> „Da habe ich das gemacht, was ich schon damals hätte tun sollen."

Wisst ihr was? Da habe ich das gemacht, was ich schon damals hätte tun sollen. Ich habe laut gerufen: ‚Weißt du, André, du warst schon vor fünfundzwanzig Jahren ein Arschloch. Schade, dass sich daran nichts geändert hat.'

Das hat sich absolut richtig angefühlt. Also: dass ich diesmal nicht das Maul gehalten habe. Deshalb: Yvonne, rede mit deinem Chef! So, und jetzt hätte ich Lust, was zu singen."

Andrea musste schmunzeln. „Singen? Kann ich gut verstehen. Schon die Menschen in der Bibel haben gesungen, wenn sie was Ergreifendes erlebt haben. Zum Beispiel: Miriam nach dem Auszug der Israeliten aus Ägypten, Jona, nachdem er aus dem Wal kommt, oder Maria, die Mutter Jesu, als sie kapiert, dass das Kind in ihrem Bauch der Messias ist. Also: Lasst uns singen. Irgendwas, was uns motiviert."

Peter schnappte sich die Gitarre – und dann sangen sie ein Mutmachlied nach dem anderen, von „Don't worry, be happy" bis „Das wünsch ich dir".

Als die letzten Töne von Christina Stürmers Song „Seite an Seite" verklungen war, sagte Yvonne: „Ich glaube, ich mach's. Morgen rede ich mit meinem Chef."

Irgendwie hatten an diesem Abend alle den Eindruck, als herrsche in der Gruppe eine spürbare Aufbruchstimmung. Eine Aufbruchstimmung, die die Angst zwar nicht wegwischt, aber so stark ist, dass sie die Angst im Griff hat.

Haben Sie einen Chef, eine Chefin oder einen anderen Menschen, der Ihr Leben beeinflusst? Was wollten Sie ihm schon immer sagen?

RUNTER

Christoph Backhaus

runter
runter
runter
runter
runter

und noch weiter hinab.

Ja, da geht es erst mal hin
und nirgendwo anders.

Hinunter in die Tiefen.
Hinunter in die Angst.
Hinunter in des Meeres
Fluten.
Hinunter, wo mich
keiner sieht.
Hinunter bis zum
Grund der Berge.
Hinunter bis zum Tod.
Hinunter bis zum Nichts.

Ja, da geht es erst mal hin
und nirgendwo anders.

auf
auf
auf
auf
auf

Und sie steigt.

Ja, da geht es hin
und nirgendwo anders.

Hinauf in die Höhe.
Hinauf in den Mut.
Hinauf zum rettenden
Ufer.
Hinauf, wo du
mich siehst.
Hinauf auf den Gipfel
der Berge.
Hinauf in das Leben.
Hinauf ins Licht.

Ja, da geht es hin
und nirgendwo anders.

Auf dem hinab ins Runter
bleibt vieles stecken.
Mein Vertrauen.
Meine Hoffnung.
Meine Lust.
Meine Zuversicht.
Meine Liebe.
Mein Lied im Hals.

Ja, da geht es erst mal hin
und nirgendwo anders.

Und dort unten,
ganz dort unten,
wo auch immer
und wie tief auch immer
es sei,
dort unten
kehrt sich was um,
löst sich was,
steigt plötzlich auf
eine Luftblase,
die aufstrebt
aus den Tiefen der See.

Auf dem Weg ins Herauf
löst vieles sich.
Meine Angst.
Meine Zweifel.
Meine Trauer.
Meine Sorgen.
Mein Hass.
Meine Stummheit.

Ja, da geht es hin
und nirgendwo anders.

Und dort oben,
wo Wasser und Himmel
sich berühren,
ploppt die Luftblase
auf,
in sich tragend vielleicht
ein Stöhnen,
einen Schrei,
ein Wort,
einen Dank,
ein Lied
aus der größten Tiefe.

SCHNAPPATMUNG

Kathrin Oxen

Dieser Fisch macht eine bemerkenswerte Erfahrung: Eher beiläufig hat er sich Jona einverleibt. Er hat nach dem über Bord gegangenen, im Wasser treibenden Propheten geschnappt, wie er es wohl sonst auch tut mit mutmaßlich fressbaren, im Wasser treibenden Objekten. Er wird so zum fischigen Werkzeug Gottes, um Jona vorläufig zu retten. Von der hellen Panik, als er gurgelnd versucht, sich an der Wasseroberfläche zu halten, geht es für Jona in die dunkle Panik im Leib des Fisches. Um ihn feuchte, warme Dunkelheit und Stille. Aber immerhin Luft zum Atmen. Ein Atemzug, noch einer und noch einer, bis sich das wild schlagende Herz ein bisschen beruhigt. Luft holen, solange Luft da ist. Sehen kann Jona nichts. Hören kann er nur den dumpfen Herzschlag des Fisches und ein unbestimmtes Strömen um sich herum.

“ Luft holen, solange Luft da ist. ”

Die Geschichte erzählt: In seiner dunklen Panik, tief in der Angst, ohne Aussicht auf irgendetwas, da fängt Jona an zu beten. Aus seinen Worten wird ein Lied, ein Psalm. Mitten in der Angst hält sich Jona an den ruhigen Takt dieses kaltblütigen Herzschlags um ihn: „Ich rief zu dem Herrn / und er antwortete mir.

Ich schrie/und du hörtest.“ Rufen und Antwort bekommen, schreien und gehört werden. Was Menschenkinder zum Überleben brauchen, wenn sie zur Welt gekommen sind, das erlebt Jona schon in diesem merkwürdigen Mutterleib. Denn da ist schon Luft. Da kann er schon einatmen, ausatmen, rufen, schreien, beten, singen. Ganz konzentriert darauf, wird seine dunkle Panik kleiner und kleiner. Ihm ist doch schon geholfen worden. Ihm wird auch weiter geholfen werden.

Und der Fisch? Er spürt nicht nur die Prophetenbewegungen in seinem Leib. Auf einmal ist ein Beten und ein Singen in ihm. Und nach drei Tagen spuckt er ein Menschenkind voller Hoffnung an Land.

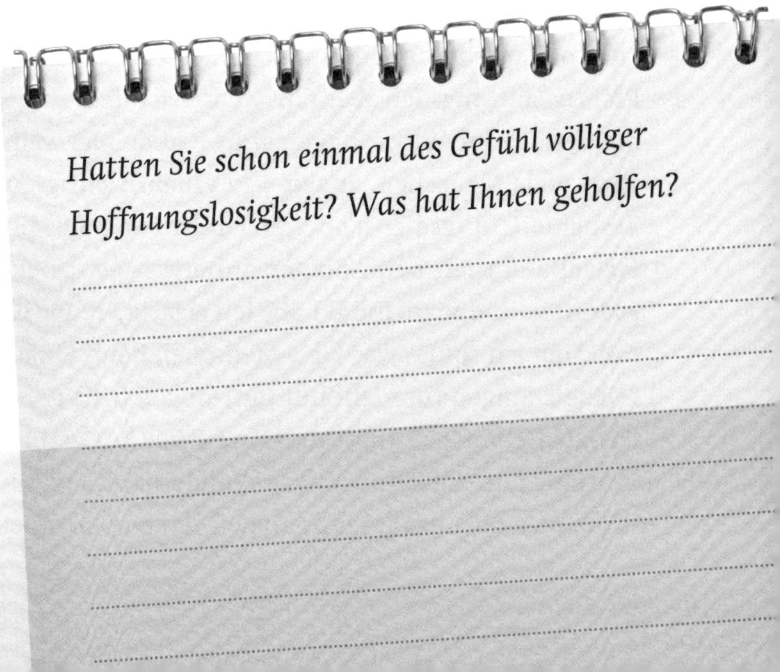

VOM SINGEN UND VON PANIK

Volker Jung

Ich singe gerne, kann es aber nicht besonders gut. In der Schule war es für mich ganz furchtbar, wenn ich im Musikunterricht allein vor der Klasse singen musste. Wir hatten leider einen Musiklehrer, der das immer wieder verlangte. Heute würde ich sagen: Das war pädagogisch absolut daneben. Singen hat mir lange Zeit wenig Freude gemacht. In mir habe ich deshalb auch kleine Panikattacken gespürt, wenn ich als Pfarrer in die Situation kam, ein Lied anstimmen zu sollen. Das habe ich ein paar Mal probiert und es schließlich gelassen. Ich habe lieber gefragt, wer das Lied anstimmen kann. Und es war immer jemand da! Mit anderen zusammen geht es einigermaßen mit meinem Gesang. Richtig laut singe ich aber nur, wenn ich alleine bin – am liebsten im Auto, mit oder ohne Radio. Oder wenn ganz viele Menschen singen – in einem richtig gut besuchten Gottesdienst oder im Fußballstadion. Mittlerweile bin ich beim Singen innerlich etwas entspannter, und manchmal habe ich richtig Freude daran. Und ich spüre, was viele Menschen beim Singen erleben: Singen tut nicht nur gut, Singen hilft gegen dunkle Gedanken, Angst und Panik! Vor kurzem hat mir eine gute Bekannte etwas Wunderbares erzählt. Wir haben über das Singen geredet. Sie singt ziemlich gut und weiß, wie ich singe. Sie sagte mir: „Seit einiger Zeit mache ich mit zwei Leuten zusammen Musik, die überhaupt nicht singen können. Das ist so schräg. Aber es macht so viel Spaß und ist so schön. Trau dich was!"

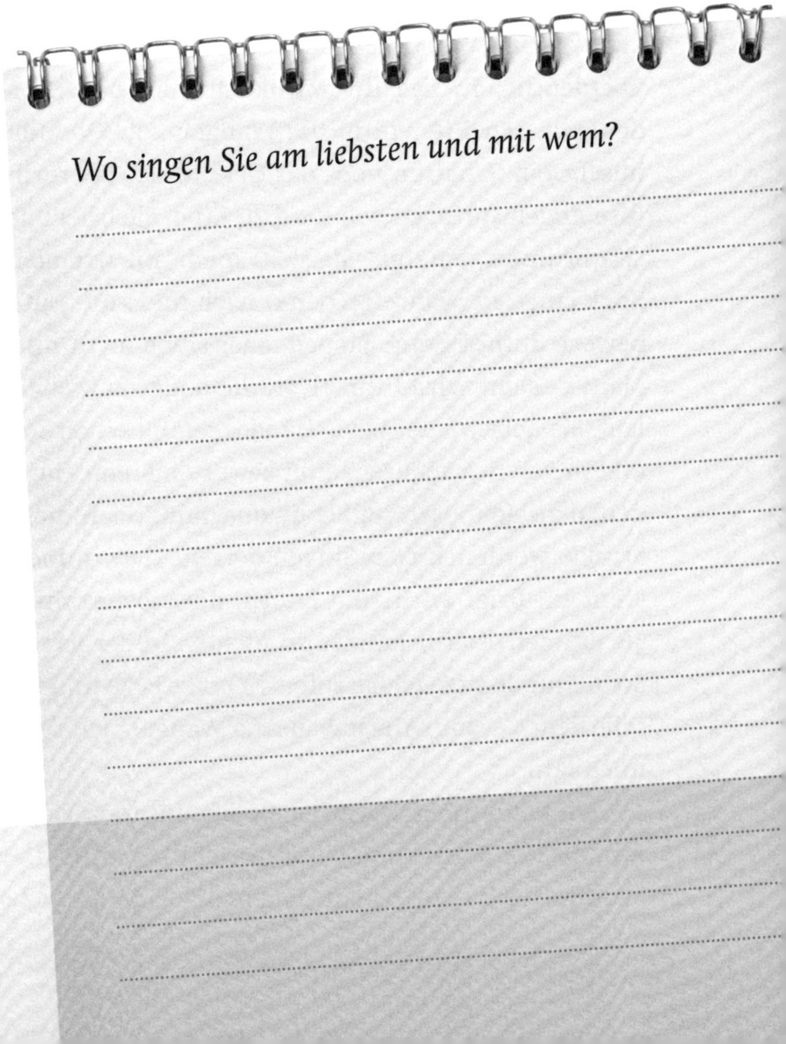

DA BRUMMT DOCH JEMAND!

Henning Kiene

Die Fenster stehen offen, frische Luft flutet den überheizten Klassenraum. Die Hände der Lehrerin schwingen auf und ab, wir nehmen den Rhythmus auf, singen kraftvoll, unsere Kindermünder sprechen die Worte überdeutlich in die Luft. „Musik“ steht auf dem Stundenplan. Der Eifer färbt die Wangen rot. Plötzlich huscht ein Schatten über das Gesicht der Lehrerin, ihre Augen springen von Kind zu Kind. Sie bricht ab: „Da brummt jemand.“ Sie sieht mich mit strengem Blick lange an, schweigt, denkt nach und sagt: „Bitte bewege du nur deine Lippen, aber singe nicht mit.“ Mein Gesicht wird dunkelrot, die anderen kichern laut. Sie hebt wieder beide Hände, summt einen Ton, alle singen, ich schweige und bewege meinen Mund, denke an den Fisch im Schulaquarium. Nach dieser Stunde werde ich vom Singen befreit. „Für immer“, steht im Brief an meine Eltern, die trösten mich: „Brummen? Dafür kannst du nichts.“ In der letzten Schulstunde sitze ich ab sofort in einer Ecke und lausche dem Gesang. Alle haben rosa Wangen, ich fühle mich fahl.

„Ich kann nicht singen“, teile ich unserem Pastor mit, als der Konfirmandenunterricht beginnt. „Der brummt doch“, sagt jemand laut in die Stille. Ich lache mit den anderen mit, sicherheitshalber. Die Texte muss ich trotzdem auswendig lernen. „Für die Prüfung“, sagt der Pastor. Die anderen in der Gruppe behaupten, sie seien auch „Brummer“. Zum Beweis grölen sie das Lied, das der Pastor anstimmt, singen wie auf dem Fußballplatz. Alle haben Spaß, nur der Pastor nicht, und ich muss schweigen, leider. „Selbst schuld, hättest ja nichts sagen müssen“, grinst mein bester Freund und stimmt lustvoll in das Gegröle ein.

„Kann jemand beim Stimmen der Orgel helfen?“, fragt der Pastor einige Wochen später. Alle schweigen, niemand meldet sich. Da strecke ich meinen Arm nach oben, sofort darf ich den Unterricht verlassen. „Streber“, höre ich hinter mir und bin neugierig auf meine Aufgabe. Der Organist wartet schon. Ich soll mich auf die Orgelbank setzen und eine Taste drücken, bei „weiter“ dann eine nächste. Er erklärt mir die Reihenfolge, klettert durch ein Türchen und verschwindet in die Orgel. Auf „weiter“ geht es los. Irgendwann kommt der Mann wieder zum Vorschein und verkündet: „Pause.“ Morgen soll ich bitte wiederkommen, am Ende wird es zehn Mark geben.

Am nächsten Tag bin ich pünktlich, drücke die Tasten und höre die Töne, verfolge mit den Ohren, wie er den schrägen Klang wieder geradebiegt. Viele Töne gefallen mir richtig gut, vor allem die ganz dunklen, die vibrieren in meinem Bauch. Plötzlich ruft er: „Singst du den Ton gerade mit? Du bringst mich damit durcheinander." Mein Atem stockt, ich verstumme. „Bitte nicht mitsingen", höre ich immer wieder. Am Ende sagt er „Danke". Ich halte den Geldschein in der Hand, will gehen, zögere, würde gerne noch weitermachen.

> Als ich singe, ist es, als ströme frische Luft in mich hinein.

„Ich zeig dir das mal!", sagt er und beginnt zu spielen. „Sing mal diesen Ton", fordert er mich auf. Dann spielt er eine Tonleiter, die ich nachsingen soll, und dann stimmt er mit der Orgel „Lobe den Herrn" an. Den Text kenne ich schon, für die Prüfung. Als ich singe, ist es, als ströme frische Luft in mich hinein, ich bemerke meine roten Wangen, das ist peinlich. „Ich denke, du solltest im Jugendchor mitsingen", sagt er und schreibt mir Ort und Uhrzeit auf. „Ich kann nicht singen, ich brumme", sage ich automatisch. Er sieht mich lange an, schweigt, lächelt und sagt nur: „So ein Quatsch."

DER GANZE RAUM IST VOLL GESANG

Petra Schulze

Ich verstehe kein Wort. Monika kann kaum sprechen. Manchmal versucht sie es. Aber es ist mehr ein Lallen als klar artikulierte Wörter. Sie ist körperlich und geistig beeinträchtigt und erst seit kurzem hier in der Wohngruppe. Man hat sie mit anderen aus einem Heim geholt, in dem sie vernachlässigt worden sind. Jetzt sind sie erst einmal hier in der Psychiatrie in einem freistehenden Haus untergebracht, wo wir uns um sie kümmern, bis ein neues Heim gefunden ist.

Früher – so steht es in Monikas Akte – hat sie sprechen können. Und auch singen. Wir lesen nach, dass sie mal in einem Heim war, das von Diakonissen geführt worden ist. Die haben viel mit den Bewohnerinnen und Bewohnern gesungen.

Der Musiktherapeut und der Klinik-Pfarrer kommen zu uns in die Wohngruppe – mit ihren Gitarren. Und stimmen im Speiseraum Volkslieder und Choräle an. Bei „Der Mond ist aufgegangen“ geht plötzlich die Post ab. Da singen manche klar und deutlich, die bislang noch kein Wort gesprochen haben. Andere lallen, summen oder kreischen – manche wiegen sich hin und her –, und über die Gesichter geht ein Leuchten. Der ganze Raum ist voll Gesang.

Weiter geht's mit „Sankt Martin war ein frommer Mann“, „Laterne, Laterne, Sonne Mond und Sterne“, „Alle Vögel sind schon da“, „Großer Gott, wir loben dich“, „Guten Abend, gut' Nacht“ und „Danke, für diesen guten Morgen“. Von jetzt an wird immer mal wieder Musik hier in der Wohngruppe gemacht – und wer vorher noch aggressiv war oder unruhig und kurzatmig, wird ruhiger und schwingt oder singt mit. Alles gipfelt in einem Gottesdienst in der Kirche. Den besuchen Patientinnen und Patienten und auch Anwohner rund um die Klinik. Der Höhepunkt: Einer aus unserer Wohngruppe, der nicht spricht, spielt Mundharmonika. Und als er die Klinikband bei ein paar Liedern mit der Mundharmonika unterstützt, da geht nicht nur ein Leuchten über die Gesichter, da klatschen alle aus der Wohngruppe vor Begeisterung und Freude in die Hände und wiegen sich und singen und stecken die ganze Gemeinde damit an. Vernachlässigt, mitten in die Tiefe und Dunkelheit geworfen sind sie gewesen – jetzt stehen sie auf. Erinnern sich an die Lieder, die ihnen früher einmal beigebracht worden sind und an bessere Zeiten – und schöpfen Hoffnung für die Zukunft.

“
Wer vorher noch aggressiv war oder unruhig und kurzatmig, wird ruhiger und schwingt oder singt mit.
”

Singen – konkret

Günter A. Menne

Wenn wir spüren, dass ein Echo unser Sagen, Tun und Sein bejaht, erleben wir diesen Moment der geglückten (und beglückenden) Verbindung zwischen Ich und Welt als etwas, das sich am besten mit dem Begriff „Resonanz“ erfassen lässt. Ein Phänomen, dem kaum jemand so tief auf den Grund gegangen ist wie der Jenaer Soziologe Hartmut Rosa in seinem gleichnamigen Buch.

Für ihn ist jenes Erleben von Resonanz aber mehr als nur ein Empfinden. Das Wort leitet sich ab vom lateinischen Verb *resonare*, welches wir mit *widerhallen* übersetzen können. Hartmut Rosa begreift jenes Echo als einen existenziellen Widerhall, der uns plötzlich in Schwingung versetzt, wie über einen „vibrierenden Draht zur Welt“, so schreibt er.

Ja, die Erfahrung solcher Resonanz öffnet uns in der Sekunde ihres klangvollen Erlebens – denn in dem Wort Resonanz steckt auch das lateinische Nomen *sonus*, das heißt *Klang* – manchmal, wie mit einem Gongschlag, eine verschlossene Pforte und erlöst uns aus der Vereinzelung.

So mag es wohl dem Propheten Jona ergangen sein, als er – erzählt uns das Alte Testament (Jona 2,3–11) –

von einem großen Fisch verschluckt wurde. In den Untiefen von dessen Bauch stimmt Jona in seiner Verlassenheit ein Gebet an: Er *singt* Gott ein Lied ...

Was er damit – zunächst bei sich selbst – bewirkt, haben in unserer Zeit erst Neurowissenschaftler physiologisch erklären können: Wer singt, kann keine Angst empfinden. Das fanden sie heraus, indem sie Probanden in einen Computertomographen schoben und in Experimenten nachweisen konnten, dass dieselben Hirnareale aktiv sind, wenn wir singen oder uns ängstigen!

> “Wer singt, kann keine Angst empfinden.”

Es klingt verblüffend, aber wir können tatsächlich nicht gleichzeitig ein Lied singen und Angst haben, sagt der Göttinger Neurobiologe Gerald Hüther. Und meine eigene Erfahrung ist die, dass sich derselbe Effekt einstellt, wenn ich mein Horn spiele: *Chanter la trompe*, sagen die Franzosen: *das Horn singen* – vielleicht liegt es ja daran! Und alle kennen wir auch das Sprichwort vom „Pfeifen im Walde“ – gegen die Angst nämlich, die uns dort im Dunkeln, wie Hänsel und Gretel im gleichnamigen Märchen, überfallen kann.

Es muss also etwas Besonderes auf sich haben mit *dem Tönen*, wie die Schweizer sagen, sei es auf einem Instrument oder wenn wir pfeifen. Ganz besonders aber, wenn wir singen! Das mag damit zu tun haben – zurück zu Jona im Bauch des ungeheuren Fisches –, dass Gott, als jener ihm sein Gebet *singt*, Jona in seiner abgrundtiefen Verlassenheit *erhört*.

„Du meine Seele singe“, heißt das 1653 von Paul Gerhardt in Anlehnung an Psalm 146 gedichtete geistliche Loblied. Und in dieser Zeile offenbart sich eine große Wahrheit: Wenn wir singen, klingt mit unserer Stimme immer auch unsere Seele.

Und wenn sich, sagt Hartmut Rosa, die Sänger und Sängerinnen in einem Chor aufeinander *einstimmen* und sich, so beschreibt er es, wie von selbst in Resonanzachsen zueinander *ausrichten*, tritt plötzlich alles eigene Machen und Wollen zurück. Anstrengungslos scheinen die Singenden in diesem Moment einer Macht zu folgen, die – in ihnen und außerhalb ihrer – wirkt und zwischen ihnen eine Verbindung stiftet. Intuitiv wissen nun alle, was zu tun ist. In diesem Augenblick einer Verwandlung, so deutet ihn Rosa, erleben die Sänger wie auch Musiker, wenn sie zusammenspielen, eine sublime Form der Selbstverwirklichung, denn: „Hier arbeitet es …“

Vielleicht birgt die Erfahrung dieses unverfügbaren „*Es*“ das Geheimnis dessen, was da eigentlich passiert, wenn wir singen oder musizieren, und was auch kein neurowissenschaftliches Experiment in einem Computertomographen je entschlüsseln wird: Im Fließen des Tons und durch sein Echo – in mir selbst und in der Welt – werde ich existenziell ergriffen, indem ich eine die Seele berührende Resonanz erfahre, die alles Trennende aufhebt.

Da bilden sich „Antwortbeziehungen“, sagt Hartmut Rosa, wenn jene Drähte erst vibrieren und jenes unbeschreibliche Gefühl sich einstellt, während im Klang und mit seinem Echo die Verbindung geschlossen ist, indem wir singen. Dann aber kann es geschehen, so wie es Jona im Bauch des Fischs damals erfahren haben mag, dass unser Gesang anhebt zu einem Gebet, das auch erhört wird.

Zu einem Lied, das Gottes Ohr erreicht, egal ob wir ein Klagelied, ein Loblied oder einen Protestsong anstimmen – ohne dass wir sonst noch etwas *machen* und uns anstrengen müssten.

Und darum, wo immer Sie leben und was Sie auch tun: Singen Sie, so oft Sie können – ob laut oder leise! Oder *tönen* Sie mit allem, was Ihnen Freude machen könnte.

So treten Sie – gleichsam spielerisch – in eine klangvolle Beziehung zur Welt, zu Gott und zu sich selbst: Ihrer Seele, Ihrem Wesen. Richten Sie Ihr Leben nach Ihren persönlichen Resonanzachsen aus, die sie – wie jene vibrierenden Drähte – mit der Welt verbinden werden!

Ist dieser elektrisierende Kontakt erst geschlossen, fließt Ihnen eine ungeahnte Energie zu, die Sie als belebende Freude empfinden mögen. Als eine – nicht allein in der Fastenzeit – die Seele erquickende Daseinsfreude, die Ihnen kein Haben und kein Kaufen je einbringen könnte.

In der Kirche hat Gesang einen festen Platz. Was sind Ihre liebsten Kirchenlieder?

7 WOCHEN OHNE

Frischer Wind / 4

(Nach dem Kreuztod von Jesus versammeln sich die Seinen im Haus. Aus Furcht vor Verfolgung haben sie alle Türen abgeschlossen. Auf einmal erscheint der auferstandene Jesus mitten unter ihnen und sagt:)

„Friede sei mit euch! Wie mich der Vater gesandt hat, so sende ich euch. Und als er das gesagt hatte, blies er sie an und spricht zu ihnen: Nehmt hin den Heiligen Geist!"

Johannes 20,21–22 (Lutherbibel 2017)

Frischer Wind

Ralf Meister

BIBLISCHE MINIATUR ZU JOHANNES 20,21–22

Es beginnt im Verborgenen. Hinter verschlossenen Türen begegnet Jesus seinen verängstigten Freunden wieder. Da, wo sich unser Leben auch meistens abspielt, nicht auf der großen Bühne, sondern im kleinen Kreis. Oft genug in Angstwinkeln und im Kleinkarierten.

Sie waren mit ihm unterwegs gewesen, Feuer und Flamme für das, was er sagte, was er tat. Große Worte hatten sie gewagt: Nie werden wir dich verlassen! Und als es ernst wurde, waren sie geflohen und hatten sich verschanzt aus lauter Furcht. Die Anfänge waren kümmerlich. Eine Gruppe verängstigter Freunde, wortbrüchig geworden, voller Furcht vor den Herausforderungen, die draußen auf sie warteten. Vielleicht war es sogar einen Augenblick peinlich, als er wieder vor ihnen stand und sie grüßte. „Shalom! Friede sei mit euch!“ Worte, die viel bedeuten: Frieden, Freude, Heil, Vergebung, Gesundheit. Das alles ist „Shalom!“. Denen, die ihn verlassen hatten, spricht Jesus Frieden, Vergebung von Schuld und Versagen zu. Dorthin, wo die Scham mit Händen zu greifen ist, zielt sein Gruß.

Die Begegnung hinter verschlossenen Türen ist intim. „Nehmt hin den Heiligen Geist!“ Kein Sturmgebraus des Himmels, nur ein Windhauch. Auf das Leise zu hören, lernen wir mühsam, denn unsere Ohren sind von den lautstark posaunten Neuigkeiten taub gewordenen. Und unsere Augen wurden von dem unermüdlichen Anschauen der millionenfachen Banalitäten blind.

> “Doch in dem leisen, kleinen Geschenkwort „Nehmt hin“ verbirgt sich Großes.”

Doch in dem leisen, kleinen Geschenkwort „Nehmt hin“ verbirgt sich Großes. Damit können Veränderungen beginnen: „Wie mich mein Vater gesandt hat, so sende ich euch!“ Jesus schickt seine Freunde auf den Weg. Und mit diesem Wort sendet er uns auch. Raus aus der Komfortzone, hinein in die Welt. Manchmal scheint es, dass Geschichten von Schmerz und Tod uns lähmen. Wir verharren in den kleinen Möglichkeiten und wagen uns nicht heraus. Jeden Tag erzählen wir lange Passionsgeschichten. Wo bleiben die Geschichten der

Neuschöpfung? Von Aufbruch? Vom Aufstehen und Rausgehen? Ist uns die Hoffnung abhandengekommen? Erzählen wir uns von den Aufbrüchen, die wir gewagt haben. Von den Momenten, in denen wir losgingen, zögerlich zu Beginn, aber gestärkt von dem Geist, der ins uns war. Auferstehung ist zitternder Beginn und wird zu Widerstand und Freiheit.

Haben Sie schon einmal Gottes Gegenwart gespürt? Wenn ja, wann und wo? Wenn nicht, wo würden Sie sie sich wünschen?

„Jeder freie Mensch ist kreativ.
Da Kreativität einen Künstler ausmacht,
folgt: Nur wer Künstler ist, ist Mensch.
Jeder Mensch ist ein Künstler."
Joseph Beuys

ATEM LOS 4

Fabian Vogt

Andrea hatte sich schon die ganze Woche auf die Einstiegsfrage des vierten Treffens gefreut: „Wann habe ich das letzte Mal etwas zum ersten Mal gemacht?"

Spannende Frage! Fand sie jedenfalls: Wann gab es in meinem Leben zuletzt eine neue Erfahrung? Also nicht nur „Ich war zum ersten Mal auf der Schwäbischen Alb!", sondern etwas wirklich Unvertrautes? Einen Schritt in richtiges Neuland? Eine spürbare Horizonterweiterung.

Gar nicht so leicht zu beantworten. Wobei: Das stimmte ja nicht. Sie hatte diesen Gesprächskreis in der Passionszeit angefangen: *„Luft holen – 7 Wochen ohne Panik."* So was hatte sie vorher noch nie gemacht. Mal sehen, was den anderen einfallen würde.

Aber dazu kam es erst mal nicht. Denn kaum hatte sie die Teilnehmerinnen und Teilnehmer begrüßt, da hob Peter seine Hand und sagte: „Hey, ich fand unser Gespräch letzte Woche so inspirierend, dass ich einen

Song geschrieben habe. Er heißt ‚Frischer Wind'. Lust, ihn zu hören?"

Natürlich wollten alle, und Peter packte die Gitarre aus, stellte sich vor die Gruppe, drückte Günther den Zettel mit dem Text zum Halten in die Hand und fing mit einem Folk-Picking in G-Dur an.

> „Am Ende gab's frenetischen Applaus."

Dann sang er leidenschaftlich über das, was Träumern das Unbehagen vor Veränderungen nimmt und sie voranbringt. Bis am Ende alle den Refrain mitsangen: *„Zeit, dass was ganz neu beginnt. / Spürst du ihn, den frischen Wind, / der mich vorwärtstreibt, / bis nichts beim Alten bleibt?"*

Am Ende gab's frenetischen Applaus ... und Günther sagte, als er den Liedzettel zurückgab: „Wow, so was würde ich auch gerne können, so kreativ sein. So'n Songtext schreiben. Oder'n Gedicht!"

Woraufhin Peter nur sagte: „Hast du's jemals probiert?"

„Äh, nee. Aber es kann doch nicht jeder Lieder schreiben?"

„Tja, probiert hast du's noch nicht!"

Und plötzlich waren sie mittendrin in der Diskussion, die sich Andrea erhofft hatte: über die Kunst, was Neues auszuprobieren.

Yvonne strahlte: „Ich hab mit meinem Chef gesprochen. Lief super!"

Nici musste grinsen: „Na ja, und ich hab gerade ein Baby bekommen, da erlebst jeden Tag was Neues: Das Baby lächelt zum ersten Mal, das Baby krabbelt, das Baby sagt ‚Mama‘ und so weiter. Das ist so beglückend.“

Erstaunlicherweise war es Annette, die daraufhin sagte: „Da gibt's doch diesen Spruch von Jesus: ‚Wenn ihr nicht wie die Kinder werdet, klappt's nicht mit dem Himmel.‘ Vielleicht meint er damit ja genau diese Freude an neuen Erfahrungen. Dieses Nicht-im-Trott-hängen-Bleiben, sondern das Offen-Sein fürs Leben.“

„Wenn ihr nicht wie die Kinder werdet, klappt's nicht mit dem Himmel.“

„Genau“, ergänzte Andrea, „und Peter hat gesagt, unsere Gespräche hätten ihn inspiriert. ‚Inspiriert‘ kommt von ‚Spiritus‘, hat also was mit dem Heiligen Geist zu tun. Vielleicht könnte man auch sagen: Der Geist Gottes ist 'ne Kraft, die genau dazu anregt ... offen zu bleiben für das Leben.“

Jochen grinste: „Und was heißt das jetzt konkret: Soll ich eine Alpaka-Wanderung machen, einen Bauchtanzkurs oder mir einen rosafarbenen Janker kaufen?“

„Quark“, polterte Günther los, „du sollst offen sein für neue Lebensperspektiven. Aber vielleicht helfen neue Erfahrungen ja auch, solche Perspektiven zu finden. Apropos neue Erfahrung ... ich lade euch ein: Freitag grille ich für uns um ein Uhr morgens in meinem Garten Kartoffeln – mit Ziegenkäse und Feigen garniert – und Avocado-Bruschetta. Das habt ihr noch nie gemacht ... ein Nachtgrillen. Voll kultig."

„Äh, so was kann man essen?" fragte Günther.

„Ja, klar, das ist saulecker. Mit frischem Knobi, dazu Baguette. Ein Traum. Also, wer ist dabei?"

Es war unglaublich: Alle hoben die Hand.

Und Peter sagte: „Einverstanden, aber du hast das ja schon mal gemacht. Also schlage ich vor: Du trägst uns dann dein erstes Gedicht vor. Okay?"

Wann haben Sie das letzte Mal etwas „Verrücktes" getan? Wäre es mal wieder Zeit dafür?

GOTT ÜBERFORDERT UNS NIE

Hans-Jürgen Abromeit

Wohl noch nie haben Menschen in einem so ungeeigneten Moment einen so wichtigen Auftrag bekommen. Die Freunde und Schüler Jesu waren vollkommen am Boden zerstört. Sie hatten ihr Leben auf ihn gesetzt, und dann war er gescheitert, den Tod eines Verbrechers gestorben. Er hatte ihnen Hoffnung geschenkt. Danach fragte niemand, sondern sie machten mit ihm kurzen Prozess. Gewiss, zu Unrecht, aber was nützte das? Die Fakten sprachen für sich. Alle wussten: „Verflucht ist, wer am Holz hängt" (5. Mose 21,23). Sie standen vor den Trümmern ihres Lebens. Vielleicht konnte es auch für sie noch gefährlich werden. Deswegen hatten sie sich aus Angst zurückgezogen. Den Raum verriegelt und die Fenster verschlossen. Keiner sollte sie finden.

“ Er hatte ihnen Hoffnung geschenkt. ”

Stickig war die Luft. Auch im Frühjahr ist es in Jerusalem schon heiß. Aber aus Furcht mussten Fenster und Türen verschlossen bleiben. – Und dann war Jesus plötzlich da. War er es wirklich? Sie konnten es gar nicht glauben. Was bedeutete das? Hass und Ablehnung der anderen bestand ja weiterhin. Jesus grüßt sie mit dem damals wie heute üblichen Gruß in Israel:

„Shalom – Friede sei mit euch!“ Es folgt etwas Ungeheuerliches: „Wie mich der Vater gesandt hat, so sende ich euch!“ Die ganze Wucht der Sendung Jesu durch Gott liegt nun auf den Nachfolgern Jesu. Sie sind jetzt „Gesandte“. Das ist der Bedeutungsinhalt des Wortes Apostel. Als Zeichen der Bevollmächtigung durch Gott bläst Jesus sie an und sagt: „Nehmt hin den Heiligen Geist!“ So kommt frischer Wind in den abgeschlossenen Raum. Jesus „be-geistert“ seine Jünger. Aber überfordert er seine Leute nicht?

Nein, Gott überfordert uns nie. Der Geist Gottes hilft uns da auf, wo wir schwach sind. Er bringt frischen Wind und neue Kraft. Ohne ihn sind die Jünger nur ein Haufen desillusionierter Anhänger Jesu. Aber der Geist macht daraus die Kirche. Schauen die Jünger auf sich, so sehen sie nur einige enttäuschte und irritierte, wenn auch fröhlich überraschte Menschen mit einem ungeheuren Auftrag. Lassen sie sich jedoch vom frischen Wehen des Geistes bestimmen, werden sie inspiriert zu Lebendigkeit und Freiheit. So ist es in der Kirche bis heute geblieben. Schauen wir auf unsere menschliche Seite, sind wir schnell erdrückt von erstickendem Leben und Kleingeistigkeit. Bewegt von Gottes Geist entfalten sich neue Energien. Es geht etwas weiter von der Sendung Gottes, bis heute. Im Vertrauen auf Gottes Geist ist auch heute die Kirche mit einem großartigen Auftrag unterwegs, sonst nicht.

DER MOMENT FÜR FRIEDEN

Sabrina Wilkenshof

Von außen sieht es so leicht aus, wenn Menschen ihr Leben ändern. Wenn sie sich einen alten VW-Bus kaufen und auf Weltreise gehen. Oder auch nur die Wand im Wohnzimmer streichen. Es sieht so leicht aus, als würden sie mit einer Menge überschüssiger Energie und allem Mut der Welt „einfach machen". Als wüssten Sie automatisch, wie man die Autobahngebühr in Dänemark online bezahlt, wie viel Farbe man für die zwölf Quadratmeter braucht und was für eine Farbrolle sie dafür kaufen müssen. Sie wirken, als wären sie immun gegen die Angst vor dem Scheitern, als würden sie keinen Gedanken daran verschwenden, wie es nach dem Abenteuer weitergeht und ob ihnen das Ergebnis auch noch in drei Jahren gefällt. Sorglos, frei, mit dem Wind im Rücken.

Es gibt solche Menschen, und es gibt diese Kraft. Den ungebrochenen Mut loszugehen. Ich hab ihn auch schon mal gespürt. Aber meistens ist es anders. Zerbrechlich. Unruhig. Du spürst: Das hier ist es nicht mehr – aber was ist es dann? Ich glaube, die meisten lebensverändernden Entscheidungen sind eigentlich Umbrüche. Oder auch Abbrüche. Ein Scheitern, ein Aufhören, ein Nicht-mehr-weiter-Können-und-Wollen. Der Moment, als Jesus den Jüngerinnen und Jüngern in einem kleinen abgeriegelten Zimmer erscheint, ist kein „Jetzt-aber-los-Moment". Es ist ein „Was-um-Himmels-Willen-sollen-wir-jetzt-machen-Moment". Nicht der Moment, um einen VW-Bus auszubauen, Farbe zu kaufen und endlich mutig zu sein. Sondern der Moment zu spüren, was aufgehört hat. Was vorbei ist. Was noch weh tut. Es ist der Moment für eine Umarmung, die dich festhält. Die das Zittern und den Schmerz nicht wegstreicheln, sondern aushalten will. Wie nah muss Jesus bei ihnen gestanden haben, dass sie seinen Atem fühlen konnten. Wie geborgen muss sich das angefühlt haben. Ohne Druck, ohne erzwungenen Optimismus. „Friede sei mit euch!" Friede mit euren aufgekratzten Seelen, Friede mit dem Hunger nach Leben, der immer noch nicht gestillt wird. Friede mit eurer Angst vor all dem Leben da draußen. Friede mit der Unruhe.

> “Es gibt solche Menschen, und es gibt diese Kraft.”

Von außen sieht es so leicht aus. Der Mut, die Freiheit, der Neuanfang. Dabei ist es so viel mehr. Der Heilige Geist ist mehr. Nicht nur frischer Wind, Aufbruch, Neuanfang. Die heilige Kraft des Geistes ist Trost. Taschentücher ohne Ende, rote Augen, unbezahlte Rechnungen – all das braucht erst mal Trost, Nähe und Geduld. Und den Mut, es in diesem Raum voller Angst und Zweifel auszuhalten. Jesus konnte das. Ich glaube, wir können es auch. Die Angst der anderen aushalten. Taschentücher und Schokoladeneis anbieten statt leerer Floskeln. Umarmen statt weglächeln. Friede sei mit dir. Mit deinem unruhigen Herzen und deiner Sehnsucht – das Leben wartet. Bis du da bist.

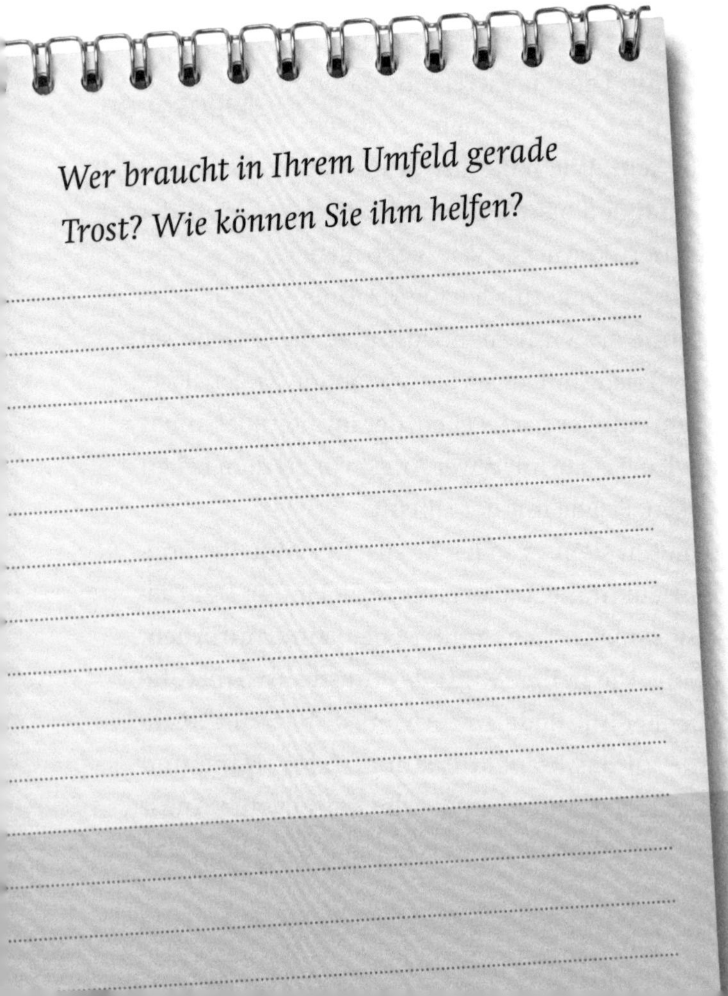

DER GOTTESREFLEX

Eva Jung

Haben Sie schon mal darüber nachgedacht, wie lange Sie ohne Nahrungszufuhr überleben könnten? Ein paar Tage oder gar Wochen antworten die meisten Menschen auf diese Frage. Und tatsächlich können Erwachsene, je nach Körperbau und Fitnesslevel, etwa dreißig bis fünfzig Tage ohne Nahrung durchhalten. Ohne Wasser wäre dagegen schon nach drei bis vier Tagen Schluss. Und ohne Luft? Andere Zeitrechnung!

Ohne spezielle Techniken kann kaum ein Mensch den natürlichen Atemreflex für mehr als 120 Sekunden unterdrücken. Die Atmung wird nämlich „vollautomatisch“ vom Atemzentrum im Gehirn gesteuert, was gewährleistet, dass das ständige Atmen bei Gesunden selbst bei Bewusstlosigkeit nicht aussetzt. Gibt es allerdings nichts zum Atmen, herrscht akuter Sauerstoffmangel im Gehirn, und das führt schon nach wenigen Sekunden zur Bewusstlosigkeit. Nach wenigen Minuten ist es unwiderruflich geschädigt. Nach etwa zehn Minuten ohne Sauerstoff stirbt das Gehirn endgültig. Damit erlischt logischerweise auch die Fähigkeit, selbst zu atmen.

Vom auferstandenen Jesus lesen wir im Johannesevangelium, dass er die Jüngerinnen und Jünger angeblasen hat, um sie mit dem Heiligen Geist zu inspirieren. Was für eine schöne Geste! Sie erinnert direkt an die erste Mensch-Gott-Begegnung im Paradies: Gott selbst bläst seinen frischgeschaffenen Menschen den Lebensatem in die Nase. Der Atem Gottes macht uns lebendig! Aber damit nicht genug: Von Gottes Namen, den er Mose in der Wüste offenbart, ist überliefert, dass er kaum auszusprechen war, weil er praktisch einem Atemgeräusch entspricht. Einatmen, Ausatmen – J-H-W-H. Ein erwachsener Mensch macht pro Tag etwa 23.000 Atemzüge. Ganz unbewusst, vollautomatisch. Weitergedacht heißt das, unser Atemreflex bringt uns dazu, den Namen Gottes unaufhörlich auszusprechen. Tag und Nacht. Von unserem ersten Atemzug – als frischgeborener Säugling –, bis zu unserem letzten Atemzug. Ganz gleich, ob wir an Gott glauben oder nicht. Wir sind mit Gott viel tiefer verbunden, als uns bewusst ist. Und zwar durch einen Reflex, den wir nicht so ohne weiteres unterdrücken können. Diese Zusammenhänge rücken das Gebot, „Gottes Namen nicht zu missbrauchen", in ein ganz neues Licht. Was verursachen wir mit unserem Atem – und den daraus hervorgehenden Worten und Taten? Und wie oft am Tag lassen wir uns von Jesus anpusten und inspirieren? In diesem Sinn möchte ich mehr auf meine Atmung achten und mich von Gott immer wieder neu beatmen lassen.

DER ATEM GOTTES

Thorsten Latzel

Der Atem des Lebens: Dreimal wird in der Bibel erzählt, wie Gottes Atem Leben schafft.

Bei der Schöpfung, als Gott uns Menschen das Leben einhaucht *(Genesis 2,7)*.

In der Zeit des Exils, als Gottes Atem das Totenfeld Israel neu erweckt *(Hesekiel 37,5ff.)*.

Und an Ostern, als der Glaube der Jüngerinnen und Jünger gestorben war *(Johannes 20,21f.)*.

> „Dreimal wird in der Bibel erzählt, wie Gottes Atem Leben schafft."

Die Jünger sind am Ende: am Ende ihres Weges mit Jesus. Am Ende ihrer Hoffnung. Am Ende ihrer Kräfte. So sitzen sie da: hinter verschlossenen Türen, in Angst vor Verfolgung. Sinnbild einer sorgenvoll in sich verkrümmten Kirche, der Luft und Leben ausgegangen sind.

Dann tritt Jesus unter sie – durch die verschlossene Tür. Er grüßt sie „Friede sei mit euch!", zeigt ihnen seine Wunden, vermittelt ihnen neue Lebensfreude. Und dann geschieht es: der Atem Gottes. Der Schöpfer-Hauch, der aus einer ängstlichen Jüngerschar die Kirche schafft und die Welt verändert. Der Lebensatem dessen, der den Tod überwunden hat.

Ein zweites Mal sagt Christus: „Friede sei mit euch!" Weil sie seinen Frieden wohl erst jetzt begreifen können. Er sendet sie so, wie ihn sein Vater gesandt hat. Und dann bläst er sie an.

Dieser Hauch ist kein Frühlingswind. Keine sanfte Brise. Es ist Schöpferatem. Kreativität, Inspiration pur. In ihm steckt das Leben selbst. Gottes Atem weht, wo er will, und wirkt, was er will. Er schafft Leben aus dem Tod, ruft das, was nicht ist, ins Sein. Genau das geschieht, als Christus seine Jünger anbläst. Er verleiht ihnen seinen Geist. Und die Vollmacht, Sünden zu vergeben, zu versöhnen, die Wunden der Welt und Risse im Leben zu heilen.

„Gottes Atem weht, wo er will, und wirkt, was er will."

Der Atem Gottes. Das ist es, was wir brauchen. Wenn uns als Schöpfung die Luft ausgeht. Wenn wir als Kirche in ängstlicher Selbstsorge versinken. Wenn ich selbst Schnappatmung, Atemnot bekomme angesichts des Berges an Aufgaben, der vor mir liegt. Dann brauchen wir den Atem Gottes: dass Christus selbst in uns atmet, dass er unsere Lungen, Herzen, Seelen weitet. Und ein drittes, viertes, fünftes Mal zu uns spricht: „Friede sei mit euch!" Liebevoll. Immer wieder. Bis wir es begreifen und selbst zu Boten seines Friedens werden. Deswegen: *Komm, Christus, atme in uns! Amen.*

DAS AUFBLASEN SEIN LASSEN

Wolfgang Reinbold

Besonders gut gefallen haben mir in den Briefen des Apostels Paulus stets die zahlreichen Verse, in denen er seine Leser und Leserinnen dazu ermahnt, sich nicht aufzublasen.

„Es haben sich nun einige aufgeblasen", schreibt er nach Korinth. Aufgeblasen „für den einen gegen den andern". Auch mit Gerüchten über ihn selbst und seine Reisepläne. „Die Aufgeblasenen" nennt er diese Leute *(1. Korinther 4,6.18–19)*.

Es ist eine treffende Metapher: Wenn wir meinen, wir wären wer. Wir hätten etwas zu sagen. Etwas von Bedeutung. Womöglich von grundlegender Bedeutung, auch für andere. Dann neigen wir dazu, uns aufzublasen: Den Oberkörper aufblähen; uns groß machen, auf dass wir möglichst viel Eindruck erzeugen.

Es ist eine treffende Metapher. Ein Detail an ihr gefällt mir besonders gut: Es heißt „sich aufblasen". Ganz so, als käme die Luft für dieses Aufblasen nicht von außen, sondern irgendwie von innen.

Wenn ich mich aufblase, sind meine Lungen gefüllt. Aber nicht mit frischer Luft. Sondern mit der Luft, die bereits in mir ist. Der frische Wind von außen, er erreicht mich nicht. Ich kann ihn bestenfalls auf der Haut spüren. Einatmen kann ich ihn nicht. Er rauscht an mir vorbei.

Damit der frische Wind eine Chance hat, muss ich zunächst einmal ausatmen. Das Aufblasen sein lassen.

Gegen Aufblasen hilft auch „Dampf ablassen“. Wo gelingt Ihnen das am besten und wäre es mal wieder an der Zeit?

Frischer Wind – konkret

Günter A. Menne

Anders als im Deutschen wird im Englischen ein Blasinstrument (viel poetischer) als *wind instrument* bezeichnet. Und der Wind, der da die Flöte, die Tuba oder die Oboe zum Klingen bringt, das ist der Atem. Im Lateinischen aber steht für beides das Wort *spiritus*, das noch eine viel umfassendere Bedeutung hat: Wind, Atem, aber auch: Hauch, Leben, Seele und Geist!

All diese Facetten des „spiritus" erleben wir manchmal, wenn wir – auf einer Reise, in einem Konzert oder in einer Teamsitzung – mit einem Mal spüren, wie da ein frischer Wind durch unsere Köpfe weht, ja manchmal auch fegt: Wir fühlen uns neu belebt und erquickt – mit einem Wort: *inspiriert.*

Dann ist es so, als ob jener biblische „Atemwind" auch uns streifte, von dem Johannes im 20. Kapitel in den Versen 20 bis 21 in seinem Evangelium erzählt: Die Jünger haben sich versammelt – nicht im Freien, sondern in einem Haus. Ihr Meister ist tot, gekreuzigt. In ihrer Angst vor Verfolgung haben sie die Fenster verrammelt. Da tritt der auferstandene Jesus mitten unter sie und sagt zu ihnen: *„Wie mich der Vater gesandt hat …"* – jene Worte, mit denen er seine Jünger als Apostel in die

Welt sendet. In dem Moment aber *bläst er sie an* und spricht zu den Jüngern: *„Nehmt den Heiligen Geist!“*

Erst das *Anblasen* Jesu (und nicht etwa bloß ein Anhauchen) erfüllt die Jünger mit Gottes Geist und aktiviert sie. Erst der Atem setzt sie in Bewegung zur Erfüllung ihres Auftrags. Was aber aktiviert uns? Welche Kraft setzt mich in Bewegung und bringt frischen Wind in mein Leben?

Um eine Antwort darauf zu finden, schlage ich vor, dass wir die Bibel ausnahmsweise wörtlich nehmen: „Der Geist weht, wo er will“, heißt es nämlich an anderer Stelle, und zwar noch einmal bei Johannes, diesmal im 3. Kapitel (Vers 8), doch genau steht da geschrieben: „Der Wind bläst, wo er will, und du hörst sein Sausen wohl; aber du weißt nicht, woher er kommt und wohin er fährt.“

Wenn ich etwas schreibe, so wie jetzt gerade in dem Augenblick diese Zeilen, dann habe ich am Anfang zwar eine vage Idee davon, was ich sagen will, aber zunächst sitze ich vor dem leeren Blatt Papier oder dem Bildschirm und mir fehlen die Worte. Ich brauche dringend Inspiration! Die aber kann man leider nicht *machen* ...

Man kann sich ihr nur *öffnen*, wie ein Fenster der frischen Luft! Und diesmal erfahre ich meine Inspiration, oder besser gesagt: *widerfährt* sie mir spontan und unerwartet, während ich (noch etwas ratlos) den mir vorgegebenen Bibeltext für diese Fastenwoche aufblättere – und mich dann auf ihn einlasse.

Das tue ich praktisch, indem ich mir den Text selbst laut vorlese und hinhöre, was daraus zu mir *spricht*. So entspinnt sich der erste Gedankenfaden und verknüpft sich mit dem folgenden und dem nächsten und ...

Was jetzt hinderlich wäre, das wäre Angst – etwa vor dem baldigen Abgabetermin. Davor, dass der Redaktion mein Text vielleicht nicht gefällt. Oder auch Ihnen nicht. Also, tief durchatmen und weiter einlassen. Präsent bleiben! Nur im Jetzt. Und nicht mit den Gedanken woanders sein.

> „Man kann sich ihr nur öffnen, wie ein Fenster der frischen Luft!"

Vom Hornspielen (das mich so vieles gelehrt hat, was sich gut übertragen lässt auf meinen Beruf, den Alltag, das Leben) weiß ich nämlich: In der Sekunde, in der ich abschweife und nicht mehr voll dabei bin, wird sofort auch der Fluss meines Atems (wie der meiner Gedanken oder eines Gesprächs) unterbrochen – die Luftsäule im gewundenen Rohr bricht zusammen und mit ihr auch der Ton: aus.

Inspiration entsteht nur im Fluss – im *Flow*, und der schenkt Inspiration! Das wissen wir, seit der „Glücksforscher“ Mihály Csíkszentmihályi (1934–2021) in seiner „Flow-Theorie“ beschrieben hat, wie etwa Musiker,

Chirurgen oder Extremsportler in einem Zustand tiefer Konzentration auf ihre Sache ein völliges Aufgehen darin erfahren und sich in einem Rausch ihres Tuns wahrnehmen, den sie als unvergleichlichen Glückszustand erleben.

Im Prinzip lässt sich jener *Flow* auch beim Bügeln von Hemden oder beim Jäten von Unkraut erleben, wenn wir dabei nur in derselben Weise präsent, wach, achtsam und ganz „da" sind und bleiben – und unser Tun, das ist meine persönliche Erfahrung, auch mit unserem Atem in Einklang bringen. Das funktioniert besonders gut bei monotonen Tätigkeiten, die aber nun mal gemacht werden müssen – siehe Bügeln und Jäten.

Tatsächlich, so banal es klingt, das ist das Einzige, was wir selbst *machen* können, um jenen „Wind, der da weht, wo er will", zu spüren als Heiligen Geist, als großen Atem: nur gegenwärtig sein und sich dem Moment, der Sache, dem Gegenüber (oder auch Gott, wenn wir beten) bewusst zuwenden, um sich dem zu *öffnen*, was sich dann ereignet.

So schaffen wir die Voraussetzung, dass wir jene unverfügbare und in diesem Sinne göttliche *Inspiration* – wörtlich übersetzt aus dem Lateinischen heißt das: *Beseelung* – erfahren, vielleicht gerade jetzt in der Fastenzeit: als frischen Wind, welcher neue Kraft, neue Ideen und neuen Mut mit sich bringt.

Und so eine kräftige Brise kann sich im Leben durchaus manchmal zu einem derart gewaltigen „wind of change“ entwickeln, wie ihn die *Scorpions* mit ihrer gleichnamigen Wende-Hymne 1990 besungen haben, als eben die Berliner Mauer gefallen war, als wäre sie einfach umgeblasen worden.

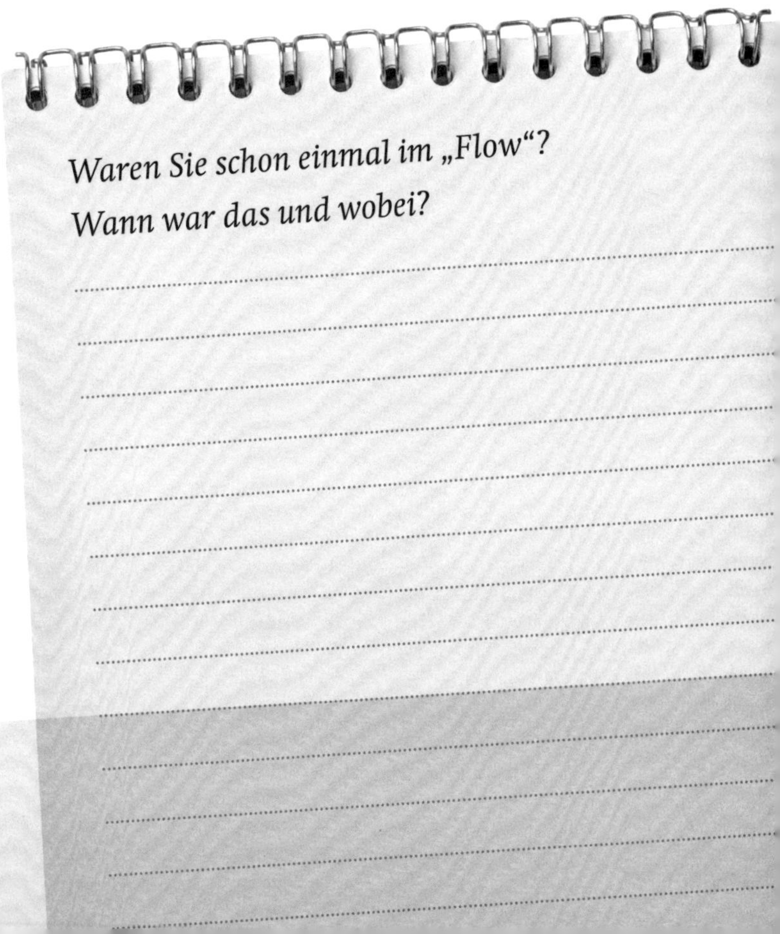

Könnten Sie diesen Zustand wieder hervorrufen? Wie?

7 WOCHEN OHNE

Dicke Luft / 5

Und als er in Betanien war im Hause Simons des Aussätzigen und saß zu Tisch, da kam eine Frau, die hatte ein Alabastergefäß mit unverfälschtem, kostbarem Nardenöl, und sie zerbrach das Gefäß und goss das Öl auf sein Haupt. Da wurden einige unwillig und sprachen untereinander: Was soll diese Vergeudung des Salböls? Man hätte dieses Öl für mehr als dreihundert Silbergroschen verkaufen können und das Geld den Armen geben. Und sie fuhren sie an.

Markus 14,3–5 (Lutherbibel 2017)

Dicke Luft

Ralf Meister

BIBLISCHE MINIATUR ZU MARKUS 14,3–5

Manchmal geht uns die Fülle des Lebens verloren. Der Blick verengt sich, Krisen und Sorgen nehmen überhand. Wir freuen uns nicht mehr an Büchern, die darauf warten, gelesen zu werden, an Liedern, die gesungen, und Träumen, die geträumt werden möchten. Die Schönheit und Fülle des Lebens sind verdunkelt. In eine solche Situation hinein spricht die Erzählung von der unbekannten Frau, die einen Männerkreis im Hause Simons betritt. Mit einem Salbengefäß in der Hand geht sie auf Jesus zu, zerbricht es und gießt das Öl behutsam über Jesu Haupt. Bis zum letzten Tropfen fließt das Öl über seinen Kopf. Echtes Nardenöl, das kostbarste Öl, das man kannte. Ein Zeichen großartiger Verschwendung, wenn das Leben die Fülle verliert. Eine Wohltat für die Sinne. Eine Geste liebevoller, persönlicher Zuneigung zu Jesus. Es war bekannt, dass große Männer Israels durch die Hand von Propheten zu Königen gesalbt worden waren. So viel Zuwendung für ihn, der weiß, dass der Tod nahegekommen ist. Ein wunderbarer Duft erfüllt den Raum. Ein Duft, der nicht allen gefällt. Dicke Luft macht sich breit! Was für eine Verschwendung! Das Geld hätte besser genutzt werden können! Kleinliches Denken beginnt. Wir rechnen auf, wir rechnen nach. Wir stellen Verlust und Gewinn nebeneinander und übersehen die Fülle, die das Leben uns bietet.

„Lasst sie in Frieden!", sagt Jesus. „Kränkt sie nicht mit eurer Kritik. Sie hat ein gutes (kalon = schönes) Werk an mir getan." Er ersetzt den Tadel durch Lob und Anerkennung. „Schön" nennt er ihre Geste. Ein schönes Werk ist ein Werk aus Liebe. „Jeder der sich die Fähigkeit erhält, Schönes zu erkennen, wird nie alt werden" (Franz Kafka). Es gibt Elemente der Verschwendung, die reichen weit über unsere Lebenszeit hinweg. Es gibt Momente der Liebe, aus denen nähren wir uns noch, wenn die Welt sich schon längst in anderen Zeiten dreht. Eine solche Kraft entsteht aus der liebenden Zuneigung der Frau. Kleinliches Rechnen hat keinen Platz, wo die Fülle sich Raum nimmt. Davon soll erzählt werden, überall dort, wo das Evangelium weitererzählt wird.

„Auch aus Steinen,
die einem in den Weg gelegt werden,
kann man Schönes bauen."
Johann Wolfgang von Goethe

ATEM LOS 5

Fabian Vogt

Nici kam zu spät zum Gesprächskreis. Fast zehn Minuten. Sie hob nur kurz die Hand und setzte sich auf den letzten freien Platz. Aber die anderen bestürmten sie schon mit Fragen: „Krass, was ist denn mit dir passiert?"

„Unfassbar: Wieso hast'n du plötzlich türkisblaue Haare?"

„Sieht stark aus – aber auch ... äh ... gewöhnungsbedürftig."

„Cool, voll cool."

Nici warf noch einen Blick in den Kinderwagen, in dem ihr Baby schlief, dann sagte sie: „Na ja, ich wollte auch mal was zum ersten Mal machen. Und ich hatte noch nie türkisblaue Haare. Ich hatte überhaupt noch nie gefärbte Haare. Und: Mir gefällt's!

Nachdem wir beim Nachtgrillen bis fünf Uhr morgens mit Jochen Linedance getanzt haben und uns Günther das erste Gedicht seines Lebens vorgetragen hat – was mir übrigens richtig gefallen hat, das mit den ‚Blüten der Seele' –, wollte ich auch mal was Verrücktes machen. Deshalb habe ich mir die Haare gefärbt."

Andrea schaute sie interessiert an: „Und, wie geht's dir damit?"

Die junge Frau lächelte: „Komisches Gefühl, als wäre ich ein anderer Mensch. Aber ... das wollte ich ja ... zumindest mal probeweise ... ich wollte prüfen, ob ich nicht ein anderer Mensch sein könnte ... ein gelassenerer ... fröhlicherer ... mehr in sich ruhender Mensch. Wäre jedenfalls toll. Mal schauen, was es mit mir macht."

> „Was wird sich ändern, wenn du dich so aufregst?"

Peter beugte sich vor und stützte seine Ellenbogen auf seine Knie. Verschmitzt fragte er: „Und was sagen die Leute in deiner Umgebung dazu?"

Nici verzog ihr Gesicht: „Die meisten finden's spektakulär. Mein Freund auch.

Nur ... also ... mein Vater ... der ist ausgerastet. Panik pur. Er hat mich sogar angebrüllt: ‚Diese Kanzlei ist seriös und anständig. Hier kannst du nicht mit so 'nem grellen Mob auf dem Kopf rumlaufen.'

Ich glaube, er hätte mich am liebsten rausgeschmissen. Aber eigentlich hätte ich mir das denken können."

„Was, dass er kein Türkisblau mag?"

„Nee!" Nici atmete einmal tief durch: „Dass er rot sieht ... also: blau ... bei meinen Haaren ... weil er mich sowieso nicht für voll nimmt und mir wenig zutraut ... und weil er stockkonservativ ist." Sie schüttelte angewidert den Kopf.

„Die Homepage seiner Kanzlei ist so was von veraltet und bieder. Und das Logo, boah, das sieht aus wie aus den Sechzigern. Ist es wahrscheinlich auch. Würde ich durch Zufall auf diese Seite geraten, wüsste ich sofort, welchen Anwälten ich meinen Fall definitiv *nicht* anvertrauen würde. Niemals!

Das habe ich ihm schon mindestens fünfmal gesagt. Aber: chancenlos. Er kann nicht mal seinen Laptop selbst anschalten, aber schwafelt was von ‚Retro-Marketing'. Das regt mich so dermaßen auf. Dieser bornierte, bescheuerte Jurist ... ich kann inzwischen verstehen, dass meine Mutter sich von ihm getrennt hat ..."

Als Nici Luft holte, um weiter zu poltern, ging Annette dazwischen: „Ganz kurz: Was wird sich ändern, wenn du dich so aufregst?"

Nici starrte sie fassungslos an: „Was? Na, ich kann Dampf ablassen. Und wie!"

„Ja, aber wird sich dadurch was ändern?"

„Vermutlich nichts. Aber ich könnte trotzdem ausflippen ..."

Annette unterbrach sie: „Ach, papperlapapp, bringt eh nichts. Schon mal nachgedacht zu wechseln? Also: jobmäßig? Mein Bruder hat auch 'ne Kanzlei, die suchen dringend 'ne Juristin in Teilzeit. Vielleicht kannst du ja dort zeigen, was du draufhast. Dann würde dich dein Vater vermutlich deutlich ernster nehmen.“

Nici riss die Augen auf: „Puh. Verrückte Idee. Aber warum nicht?“ Und dann sah sie plötzlich ganz gelassen aus: „Ich denk drüber nach.“

Kurze Zeit war es still im Raum. Bis Günther die Hand hob: „Nur kurz: Ich hab mich bei der Volkshochschule zu ’ner Schreibwerkstatt angemeldet. Weil mir das mit den ‚Blüten der Seele‘ so viel Spaß gemacht hat. Wollte ich euch erzählen.“

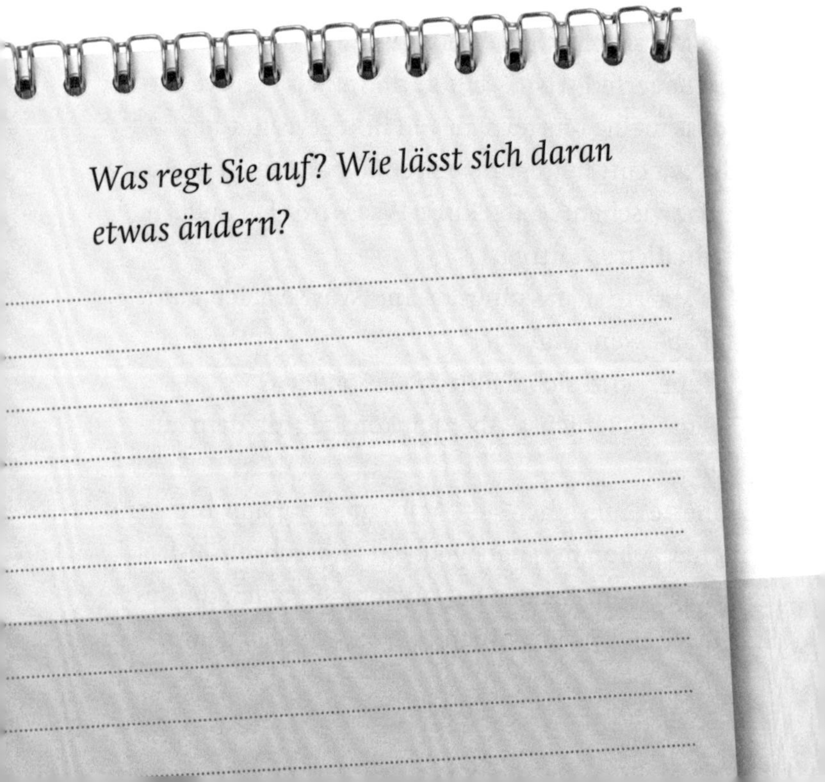

WIE GEHT ES WEITER?

Friedrich Kramer

Hier herrscht dicke Luft. Im wörtlichen wie im übertragenen Sinne. Da ist zuerst der starke und schwere Duft des Öls, der den ganzen Raum erfüllt und alle anderen Gerüche überdeckt. Im kostbaren Alabastergefäß war unverfälschtes Nardenöl, ein Vermögen, das die namenlose Frau über das Haupt Jesu gießt. So wie in Psalm 133 Segen und Leben in Ewigkeit beschrieben werden, fein und lieblich: „Es ist wie das feine Salböl auf dem Haupte Aarons, / das herabfließt in seinen Bart, / das herabfließt zum Saum seines Kleides." Alle Luft ist von diesem lieblichen und feinen Duft erfüllt.

„Wie schnell kann ich mit meinem Wort die Stimmung verpesten und andere ins Unrecht setzen."

Dicke Luft herrscht aber auch im übertragenen Sinne, denn einige verfolgen das Geschehen mit Ärger. Sie raunen: Man hätte es verkaufen und den Erlös den Armen geben können! Das wäre doch ein wahrhaft gutes Werk. Warum diese Verschwendung?

Wie schnell kann ich mit meinem Wort die Stimmung verpesten und andere ins Unrecht setzen. Hier werden die Worte unüberhörbar, und der Unmut richtet sich direkt gegen die Frau. Und Jesus? Er verteidigt sie. Sie habe ein gutes Werk an ihm getan. Das Salben in Fülle und der wundervoll liebliche Duft, ihre Aktion wird durch Jesus ins Recht gesetzt. Ihr seid im Unrecht und nicht sie, sagt er den Kritikern. Denn sie sehen nicht die Größe der Tat. Hier wird Jesus zum Gesalbten, zum Messias, zum Christus – vor aller Augen und Nasen. Es ist zu sehen und liegt in der Luft: eine Königssalbung, nicht für eine gewaltvolle Machtübernahme, sondern eine Salbung für den Weg der Gewaltlosigkeit, der durch Leiden und Sterben führt und darin die Welt überwindet.

Wie geht es weiter? Darüber wird nichts berichtet. Folgte ein betretenes Schweigen? Oder wurde gestritten und gab ein Wort das andere? Es bleibt offen. Jesus lehnt es nicht ab, alles für die Armen zu geben. Er wird den reichen Jüngling genau dazu auffordern. Aber er widerspricht der Verurteilung, die geraunt wird, und spricht offen an, worum es geht, und erklärt, warum es nicht nur ein Werk der Barmherzigkeit gibt, und weitet damit den Blick.

Bei dicker Luft, bei Streit und Abwertung, nicht in Gegenverurteilung gehen, sondern in die Form der ruhigen Erklärung. Sich erklären und nicht verurteilen ist ein Grundsatz gewaltfreier Kommunikation, den wir von Jesus für unsere dicken Luftmomente mitnehmen können.

VOM VERURTEILEN ZUM VERSTEHEN

Kirsten Fehrs

„Was soll diese Vergeudung des Salböls?“ Das Fragezeichen täuscht. Der Satz ist ein als Frage getarntes Besserwissen. Diese Frage eröffnet keinen Raum für eine Antwort. Die Fragenden wissen schon, was die Frau hätte anders machen sollen und müssen. Ohne auch nur versucht zu haben, die Frau und ihre Beweggründe, ihr Woher und Warum und Wozu zu verstehen, gehen sie zum Angriff über.

Ach, wenn diese Geschichte doch Vergangenheit wäre. Aber sie ist beunruhigend aktuell. Denn wie oft reagieren wir genau so? Wir verstehen nicht, was wir sehen. Wir finden falsch, was andere tun, schlagen uns an die Stirn und rollen die Augen. Wie kann er nur, wie kann sie nur. Fliegen. Fleisch essen. Gendern. Das Unkraut wachsen lassen. Die Ausbildung abbrechen. Den Partner verlassen. Der Reflex ist schnell: Wir urteilen, wir kritisieren, wir greifen an. Ohne einmal zu versuchen zu verstehen, warum so und nicht anders. Es ist aus der Mode gekommen: sich Zeit nehmen, wirklich fragen und nachfragen, neugierig sein, den anderen verstehen wollen. Luft holen, sich einlassen, hinhören – vor dem Urteil. Denn – Gegenprobe – wie sehr wünschen wir uns umgekehrt, dass uns jemand zu Wort kommen lässt, uns erklären lässt, warum, wie und was, bevor wir in einer Schublade landen. Bevor wir bewertet, verurteilt und angegriffen werden.

Jesus verteidigt die Frau. Er sieht ihr Herz und ihre Absicht. Sie hat etwas Schönes und Wertvolles getan, aus Liebe und Hingabe. Es ist offenbar eine gute Idee, die Beweggründe und das Herz hinter einer Tat zu kennen.

Was wäre diese Haltung Jesu für ein Gewinn für unser Zusammenleben, für unsere Gesellschaft! Die Brücke über alle spaltenden Gräben, der Weg aus all der gegenseitigen Verachtung: Mit Herz und Hirn sehen, hören, fühlen. Reden. Immer und immer wieder.

Für welchen Menschen würden Sie sich gerne Zeit zum Zuhören nehmen? Und wer sollte Ihnen einmal zuhören?

DER KLÜGERE GIBT NACH?

Udo Hahn

„Der Klügere gibt nach", sagt das Sprichwort. Als Kind habe ich mich über diese Aufforderung immer geärgert. Warum ich? Wo ich mich doch im Recht fühlte, wenn ich wieder mal mit meinem Bruder Streit hatte. Auch als Erwachsener überzeugt mich die Volksweisheit nicht. Jedenfalls nicht als generelle Leitlinie. Manche versuchen, aus dem geflügelten Wort den Hinweis herauszulesen, man solle doch kompromissbereit sein. Schon klar: Es gibt Situationen, in denen es zwingend ist, eine Verständigung zu erzielen. Das Ringen um einen Kompromiss setzt aber die Bereitschaft zur Einigung auf beiden (!) Seiten voraus. Aufeinander zugehen, besonnen sein, sich in den anderen hineinversetzen – genau das sagt das Sprichwort nach meinem Eindruck nicht. Vielmehr legt es die Kapitulation nahe. Wenn es keine andere Möglichkeit gibt und es darum geht, Schlimmeres zu verhindern, mag es klug sein nachzugeben, den Rückzug anzutreten.

Ich bin dafür, den Streit auszutragen, aber niveauvoll. Dabei halte ich es mit dem Philosophen Habermas, der vom „zwanglosen Zwang des besseren Arguments" spricht. Zugegeben, das ist idealistisch. Die Realität der Diskurse, die ich erlebe, sieht anders aus. Manchmal werden nur Positionen ausgetauscht, es besteht gar kein Interesse herauszufinden, ob sich nicht auch in der Argumentation des Gegenübers Bedenkenswertes findet. Und manchmal gibt es gar keine Argumente, sondern nur Behauptungen, Pöbeleien – und in der Zuspitzung Hass und Hetze.

Das Comiczeichnerduo Hauck & Bauer hat in einem Vier-Bilder-Cartoon das Thema aufgenommen und folgenden Dialog entwickelt: „Der Klügere gibt nach." – „Echt jetzt?" – „Ja." – „Der Dümmere dankt!!" In dieser Überspitzung wird für mich klar, dass es die Auseinandersetzung zur Klärung von Themen braucht.

Bleibt die Frage: Wie geht Streiten? Es braucht gute Vorbereitung – und im Vollzug: sachlich bleiben, deeskalieren. Und wenn man sich doch wehren muss, dann bitte gekonnt. Auf die oft vorgebrachte Killerphrase „Das haben wir noch nie so gemacht!" lässt sich trefflich mit Kurt Tucholsky antworten: „Erfahrung heißt gar nichts. Man kann seine Sache auch fünfunddreißig Jahre schlecht machen."

Ich selbst halte mich am liebsten an die Formel: „Love it, change it or leave it." Wenn alles rund läuft, prima! Wenn es Probleme gibt, in die Auseinandersetzung gehen, die eigene Haltung prüfen, Wege und Auswege suchen, Kompromisse finden. Und wenn auch couragiertes Gegenhalten nichts hilft? Dann ist es vernünftig (klug) auszusteigen, um sich selbst zu schützen.

DER WOHLGERUCH DER WÜRDE

Silke Niemeyer

Bei uns zu Hause war es knapp. Wasser verplempern? Brot wegwerfen? Schnickschnack kaufen? Todsünden! Kaputte Geräte wurden repariert – Männersache – und löchrige Socken gestopft – Frauensache. Die Kleidung musste praktisch sein. Und haltbar. Zu essen gab es „was Vernünftiges", wie es hieß, meist Eintopf. Wenn was übrigblieb, war's für die Katz', die sollte auch nicht leben wie ein Hund. So war das, und es war gut. Keine großen Sprünge und auch kein Mangel. Das Karge, das am Monatsende übrig blieb, kam auf die hohe Kante, für Notfälle. Nie wieder arm sein, sein Auskommen haben, darum ging's. Und es zu haben, das war der Stolz.

Ich stelle mir vor, mein Vater wäre beim Auftritt dieser Frau anwesend, mein Vater, der nach dem Krieg gehungert hat und zu ängstlich war, Kartoffeln zu klauen. Er wollte nie reich werden. Neid war ihm fremd. Aber wenn er diese Frau gesehen hätte, hätte er wohl die Welt nicht mehr verstanden. Öl für dreihundert Silbergroschen verschüttet die. Für dreihundert! Silbergroschen! Das eineinhalbfache Jahreseinkommen eines Arbeiters. Das ist geradezu obszön.

In Simons Haus herrscht dicke Luft, nicht nur, weil das Nardenöl eine Wolke entfaltet, die einem den

Atem verschlägt. Allem Wohlgeruch zum Trotz stinkt es den Leuten gewaltig, wie sinnlos die Frau ihren Reichtum vergeudet. Man hätte dieses Öl für mehr als dreihundert Silbergroschen verkaufen können und das Geld den Armen geben.

Stimmt! Keiner versteht das ja besser als der Beschenkte selbst, der im Zentrum der dicken Luft aus Duft und Verdruss sitzt, ein Habenichts ohne Obdach. Der könnte das Geld gewiss besser gebrauchen als das Öl. Oder nicht? Oder ist das Überflüssige manchmal ganz und gar nicht überflüssig? Arm sein besteht auch darin, sich immer mit dem Vernünftigen bescheiden zu müssen, mit dem Praktischen, Nötigen und Zweckmäßigen. Wehe der Habenichtsin, die auf dem Rasen auch noch Rosen will. Das muss doch nicht sein. Nein!

Doch! haben sie sich in Berlin bei der Diakonie vor Jahren gedacht. Sie haben deshalb keinen Luxus gescheut, als sie mit Unterstützung von Spendern und der Künstlerin Miriam Kilali das Haus Schöneweide renoviert haben, ein Wohnheim für suchtkranke Männer: Stuckverzierungen und Lüster an der Decke, gediegene Sessel, goldfarbener Treppenlauf. Das gab dicke Luft damals, erinnert sich Alex Richter, die Leiterin. Aber sie ist überzeugt: Es ist der Wohlgeruch der Würde, und den atmen die Menschen, die hier eintreten.

DIE KOSTBARKEIT EINES GERUCHS

Heike Springhart

Ein Mensch kann etwa 10.000 verschiedene Gerüche unterscheiden – unglaublich! Schon nur einer davon schafft es, mich sofort wieder in meine Kindheit zurückzuversetzen, zum Plätzchenbacken mit meiner Großmutter. Nicht weniger einzigartig ist für mich auch der Geruch von Regen in der Luft, vom ersten Sonnenstrahl im Frühling oder dem Duft nach Zimt in der langersehnten Adventszeit. Düfte machen etwas mit unserem Körper und unserer Seele. Sie bewegen beides gleichermaßen, von wohltuend, beruhigend bis hin zu abstoßend oder gefährlich. Ein guter Geruch – ein Parfum, eine Blumenwiese oder der eines geliebten Menschen – bleibt ein Leben lang in Erinnerung und wird zu einer großen Kostbarkeit.

Eine solche Kostbarkeit war für eine Frau in Betanien die Begegnung mit Jesus. Sie salbt Jesus, wie man es früher nur mit Königen gemacht hat, und gießt ihm wohlriechendes Öl über den Kopf. Damit wollte sie Jesus an Körper und Seele etwas Gutes tun und ihm zeigen, wie wertvoll er und die persönliche Begegnung mit ihm für sie sind. Doch einige haben dafür kein Verständnis, und plötzlich herrscht dicke Luft. Was soll dieser Luxus, diese Verschwendung, wo es doch so viel Armut auf der Welt gibt?

Kostbarkeiten lassen sich nicht gegenseitig aufwiegen. Eine liebevolle Tat an einem anderen Menschen lässt sich nicht aufwiegen gegen die Fürsorge für die Armen und Notleidenden der Welt. Einem anderen Menschen Gutes tun an Körper und Seele, ihm zeigen, wie kostbar und wertvoll mir der gemeinsame Moment ist, das steht nicht in Konkurrenz zu den großen Problemen dieser Welt. Diese kostbaren Momente sind keine Verschwendung, sondern ebenso liebevolle, wertvolle Zuwendung.

„Jesus weiß darum, wie heilsam und wohltuend es ist, einen kostbaren Moment bewusst zu genießen."

Das sagt auch Jesus, wenn er denen, die sich beschweren, antwortet: „Was macht ihr der Frau das Leben schwer? Lasst sie doch, sie hat etwas Gutes an mir getan. Es wird immer Arme bei euch geben, und ihr könnt ihnen helfen, wann immer ihr wollt. Aber mich habt ihr nicht für immer bei euch." Jesus weiß darum, wie heilsam und wohltuend es ist, einen kostbaren Moment bewusst zu genießen. Er weiß darum, dass gute Gerüche und liebevolle Aufmerksamkeiten eines anderen mir an Seele und Körper guttun und keine Verschwendung sind. Ganz im Gegenteil: Auch sie geschehen aus Nächstenliebe sind heilsam – ganz besonders bei dicker Luft.

Dicke Luft – konkret

Günter A. Menne

Dicke Luft hatte jeder schon mal in der Bude – sogar Jesus, als er in Betanien im Haus von Simon dem Aussätzigen zu Gast war (Markus 14,3–5): „Da kam eine Frau, die hatte ein Alabastergefäß mit unverfälschtem, kostbarem Nardenöl, und sie zerbrach das Gefäß und goss das Öl auf sein Haupt. Da wurden einige unwillig und sprachen untereinander: Was soll diese Vergeudung des Salböls?“

Was da passierte, kennen auch wir – aus Konfliktsituationen in der Familie, im Büro oder (selbstverständlich auch) in der Kirchengemeinde: Erst ärgert man sich über etwas oder jemanden, dann fallen Vorwürfe, es wird laut. Und schon ist der Frieden dahin!

Wenn es denn ganz dicke kommt und der verlorene Frieden sich nicht mehr so einfach wiederherstellen lässt, benötigen die miteinander verhakten Konfliktparteien manchmal auch Hilfe von außen – von einer Familienberaterin etwa. Oder von einem Coach.

Ich gehöre ja nun selbst zu dieser Zunft, und meiner Beobachtung nach liegt so einem Konflikt eigentlich immer dasselbe Denk- und Verhaltensmuster zugrunde: Alle haben ihre eigene Sicht auf die Situation, geprägt durch ihre eigenen Erfahrungen, Werte, Meinungen. Und alle beharren auf ihrer Position, aus welcher sie dann endlos argumentieren.

So auch die Jünger im Haus des Simon – sie argumentieren wie folgt: „Man hätte dieses Öl für mehr als dreihundert Silbergroschen verkaufen können und das Geld den Armen geben." „Und wäre das nicht auch vernünftig gewesen?", höre ich mich selber denken, während ich die Bibelstelle lese und Jakobus mir zuruft: „Ja, nicht wahr?! Und kann man es denn auch anders sehen?"

Gute Frage! Bei deren Beantwortung hilft es, ein paar Erkenntnisse der Wahrnehmungspsychologie und des sogenannten Radikalen Konstruktivismus zu Rate zu ziehen, denen zufolge jede und jeder von uns sich das, was er oder sie wahrnimmt, selbst konstruiert – eben aus all den Erfahrungen, Werten und Meinungen, aus denen wir dann unsere Urteile, Erwartungen und Annahmen zimmern.

„Die erfundene Wirklichkeit" lautet – passenderweise – der Titel einer von Paul Watzlawick (1921–2007) herausgegebenen Textsammlung. Doch lieber noch als diese möchte ich Ihnen gerne den Klassiker des berühmten Autors empfehlen: seine wunderbar ironische „Anleitung zum Unglücklichsein".

Darin erfahren wir: nichts steht unserem Glück – im Privaten wie im Beruflichen – derart verlässlich entgegen wie das Beharren auf unserer eigenen Wirklichkeit und der ganz persönlichen Sicht darauf, was besonders gilt in Konfliktfällen. Und je heftiger wir auf unsere eigene ‚Wahrheit' pochen, indem wir „mehr desselben" (Kapitel 4) verlangen, desto lustiger wird's.

Darum lade ich Klienten oder besser gesagt Kontrahenten in Konflikt-Coachings immer gerne dazu ein, miteinander – im übertragenen Sinne – das schöne Spiel *„Ich sehe was, was du nicht siehst"* zu spielen: Einer sagt, was er sieht, und der andere hört zu und staunt. So entsteht im Verlauf ein multiperspektivisches Bild dessen, was die Einzelnen bisher – eingeschränkt auf ihre eigene Sicht und darum verzerrt – als die Realität wahrgenommen haben.

Damit ist der Konflikt aber noch nicht gelöst! Jetzt geht es darum, die – in der nun als Trugbild erkannten – „Realität" zementierten Positionen aufzubrechen. Weil sich dieses Vorhaben aber stets als aussichtslos erweist, wende ich einen formidablen Trick an.

Den allerdings habe nicht etwa ich selbst erfunden, sondern kluge Leute in Harvard, und der Kommunikationskniff hat sich in unzähligen Konflikten, sogar zwischen Staaten, bewährt: Man tastet die gegnerischen *Positionen* gar nicht erst an, sondern spricht über *Interessen*! Und zwar so lange, gründlich und ehrlich, bis die alten Bollwerke so nach und nach von selbst zerbröseln.

In den allermeisten Fällen kommt es – weil die jeweiligen Interessen und die, die sie vertreten, *gewürdigt* werden – zu einer konstruktiven Einigung, sprich: zu einer „Win-win-Situation". Probieren Sie's aus! Und machen Sie eine spannende Erfahrung: Ein Konflikt ist gar nicht so schlimm, sondern vielmehr eine Entwicklungschance.

„Ein Konflikt ist gar nicht so schlimm, sondern vielmehr eine Entwicklungschance."

Im Prinzip vertreibt auch Jesus in Betanien den Ärger der Jünger über die „Verschwendung" des teuren Salböls, mit dem die Frau dem Messias das Haupt netzte, indem er die Zwölf zu einem radikalen Perspektivwechsel aufruft: „Sie hat ein gutes Werk an mir getan", sagt er, denn sie hat [mit Blick auf Tod und Auferstehung] „meinen Leib im Voraus gesalbt", sagt Jesus, „für mein Begräbnis."

Dagegen können nun auch die Jünger nichts mehr einwenden, denn hier sind *höhere* Interessen im Spiel. Die aber verstehen sie – als *gemeinsame* Interessen – erst, als Jesus ihnen die Augen öffnet, indem er ihren Blick auf das lenkt, was noch geschehen wird ...

Hier passiert also – die Bibel ist ja voller Konflikte, weil es da so ungemein menschlich zugeht – sozusagen methodisch noch etwas mehr als in der Konfliktszene über das Richten in der Bergpredigt *(Matthäus 7,3)*, wo es heißt: „*Warum siehst du den Splitter im Auge deines Bruders, aber den Balken in deinem Auge bemerkst du nicht?*“

Neben dem *Perspektivwechsel* (auf dem Predigtberg) kommt nämlich (im Hause des Simon) nun auch noch die *Interessensfrage* ins Spiel! Die gute Botschaft in allen Konfliktfällen aber lautet: Keine Angst vor dicker Luft in der Bude! Wenn man nur weiß, wie man die Fenster öffnet, verzieht sie sich, und man sieht besser als zuvor, weil man gemeinsam etwas gelernt hat!

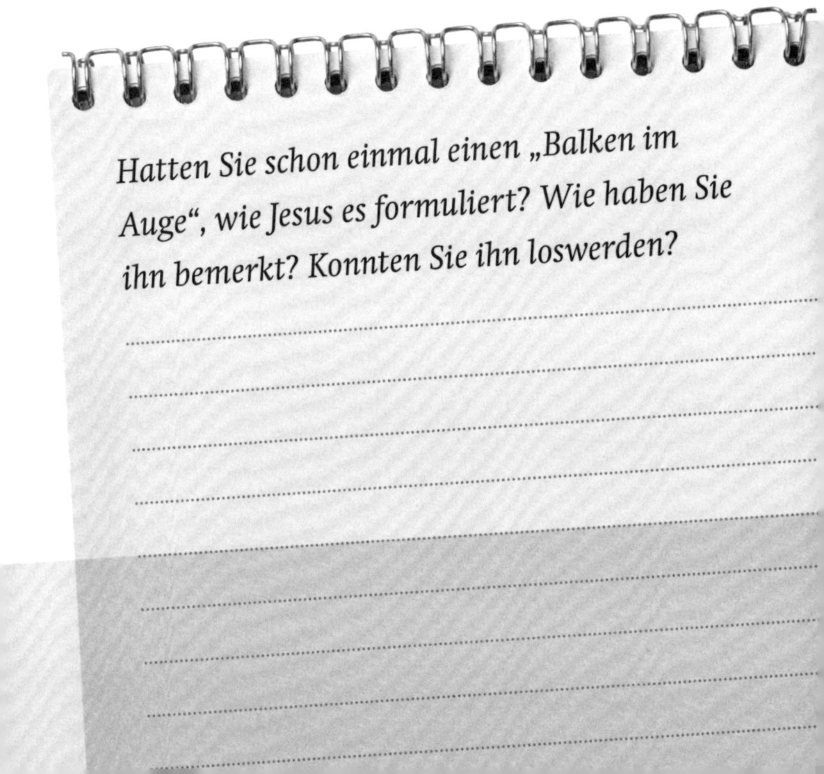

Die Frau mit dem Salböl tut Jesus etwas Gutes. Was könnte man Ihnen Gutes tun? Malen Sie es sich aus!

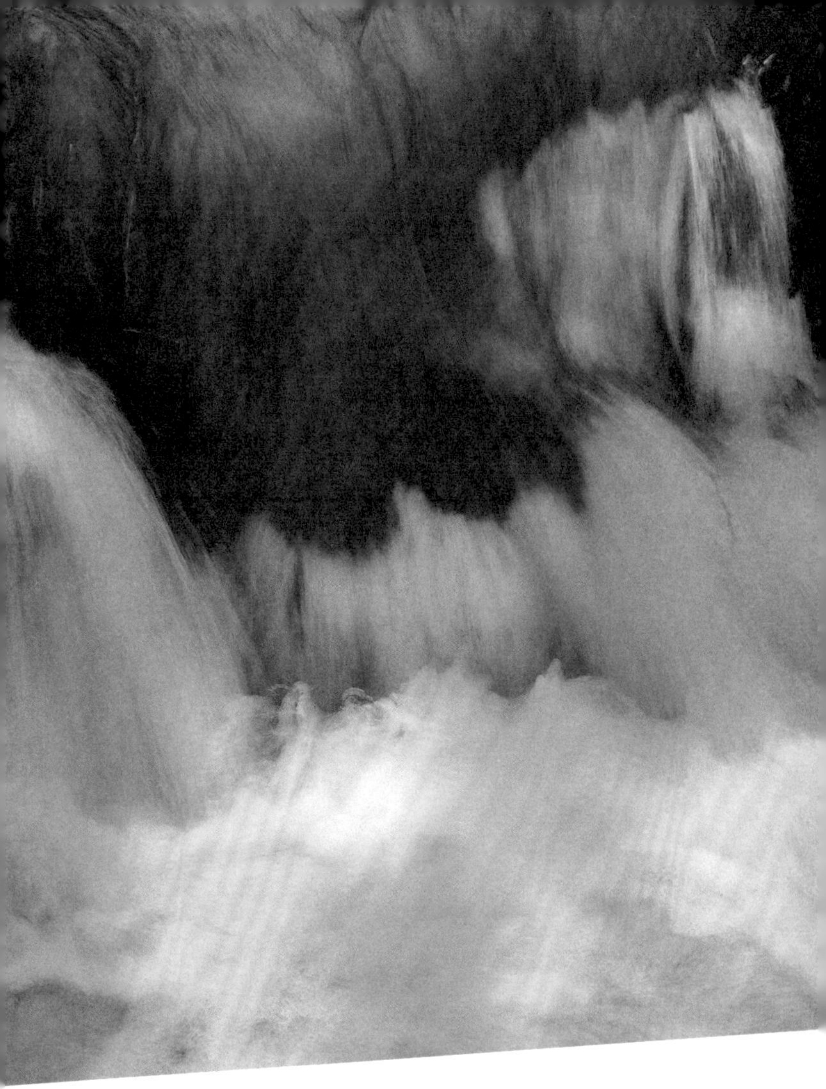

7 WOCHEN OHNE

Ruhe finden / 6

(Jesus fährt mit den Seinen in einem Boot über den See Genezareth, als ein Sturm aufkommt:)

„Und es erhob sich ein großer Windwirbel, und die Wellen schlugen in das Boot, sodass das Boot schon voll wurde. Und er war hinten im Boot und schlief auf einem Kissen. Und sie weckten ihn auf und sprachen zu ihm: Meister, fragst du nichts danach, dass wir umkommen? Und er stand auf und bedrohte den Wind und sprach zu dem Meer: Schweig! Verstumme! Und der Wind legte sich, und es ward eine große Stille."

Markus 4,37–39 (Lutherbibel 2017)

Ruhe finden

Ralf Meister

BIBLISCHE MINIATUR
ZU MARKUS 4,37–39

Normalität scheint zu verschwinden. Extremwetterlagen sind die neue Normalität. Tropenstürme, Feuerwalzen, Wasserfluten. Die Natur schlägt zurück. Dazu der Extremismus in den Gesellschaften. Es wirbelt allerorten, und Unruhen erheben sich gewaltig. „Wie mit grimmigem Unverstand Wellen sich bewegen! Nirgends Rettung, nirgends Land vor des Sturmwinds Schlägen." Der Dichter dieses Kirchenliedes ist Johannes Daniel Falk, geboren in der Hafenstadt Danzig. Sturm zieht auf. Panik greift um sich. Alles scheint auseinanderzureißen. Muss man nicht zusammenraffen, was geht? Fliehen und sich in Sicherheit bringen? Rette sich, wer kann! Doch er dichtet: „Einer ist's, der in der Nacht, einer ist's, der uns bewacht: Christ Kyrie, du wandelst auf der See."

Was für eine Vorstellung! „Es erhob sich ein großer Wirbel, und er schlief auf einem Kissen.“ Das kenne ich anders. Angst rät zur Flucht oder zum Angriff. Aber sie kennt keinen Schlaf. Der Wirbel folgt bis in die Träume. Wer findet jetzt Ruhe? Es gibt wohl die Sehnsucht danach. Kinder schlafen seelenruhig. „Einer ist's, der in der Nacht, einer ist's, der uns bewacht.“ Und im Aufwachen wäre Kraft, sich erneut allem entgegenzustellen.

„Ruhe auf der Flucht“ ist ein klassisches Motiv der alten Meister. Tizian malte es ebenso wie Lucas Cranach, und vielen wäre es zu wünschen. Die heilige Familie fürchtet Herodes, den Kindermörder. Die Bibel berichtet von nächtlicher Flucht. Aber durch die Jahrhunderte haben Kunstschaffende die Geschichte ergänzt. Sie fühlten sich inspiriert von der Vorstellung, es müsse solche Ruhe gegeben haben. Sie sei ein Zeichen des Göttlichen. Und so rastet die Familie inmitten aller Eile. Engel bewachen ihren Weg.

Es scheint mir ein Bild der Sehnsucht zu sein. Oder doch auch der realen Möglichkeit? In der Sturmstillung setzt sich die Szene fort. Wo Gott an der Seite ist, müsste die Seele ruhig bleiben, wie tosend sich die Wellen auch brechen. Vertrauend, Gott könne mit einem Wort Stille gebieten. Oder er möge mit Ruhe und Besonnenheit den Sturm durchsegeln helfen.

Wie wäre es, in der Zeit der Passion diese Ruhe zu suchen? Passion als „Ruhe auf der Flucht“? Die Maler haben vielleicht auch zur eigenen Erinnerung gemalt. Um ein Bild vor Augen zu haben, wenn vieles zusammenschlägt. Sieben Wochen ohne Panik. Ein Kissen im Sturm. Die Natur selbst hält ein sprechendes Bild bereit. Im Auge auch des mächtigsten Sturmwirbels herrscht Stille. An seinem Rand erreicht der Zyklon höchste Geschwindigkeiten. Aber im Auge ist es windstill und wolkenlos. Die Elemente erreichen nicht das Innerste. Dort ist Ruhe. „Christ Kyrie, du wandelst auf der See.“

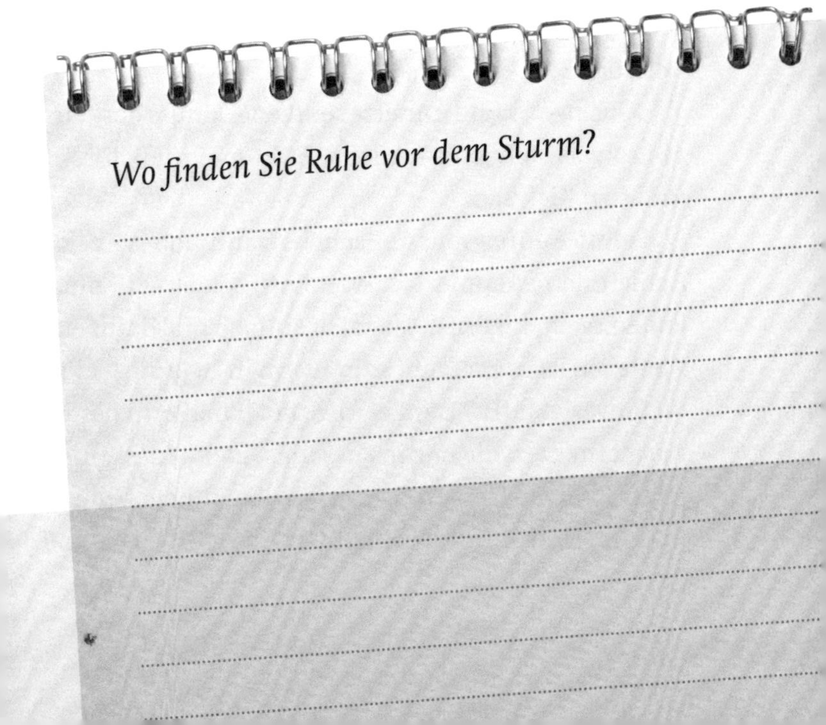

„Der einzige Hemmschuh,
unser Leben in die Hand zu nehmen,
ist unser Kopf.“
Ernst Ferstl

ATEM LOS 6

Fabian Vogt

Andrea schlug ihre goldene Klangschale an und schaute in die erwartungsvollen Gesichter der Gruppe, die auch zum sechsten Treffen vollzählig erschienen war. Der Ton stand lange im Raum.

„Ich würde gerne mit euch zu Beginn eine Fantasiereise machen. Am besten macht ihr dazu einfach mal die Augen zu.“

„Och nee“, sagte Annette seufzend, „muss das sein, auf so was steh ich gar nicht. ‚Fühl mal in dich rein‘ und so'n Kickifatz.“

Selbst Andrea musste lachen. Dann hob sie beide Arme und deklamierte: „Wer ‚Luft holen‘ will, muss leiden. Nein, im Ernst, lass dich einfach mal drauf ein. Vielleicht ist es gar nicht so grauenhaft, wie du denkst.

Einverstanden? Danke! Also, noch mal: Am besten macht ihr dazu die Augen zu. Sehr schön ... klasse. Und jetzt: Stellt euch einen Ort vor, an dem ihr euch durch und durch wohlfühlt, einen Ort, der eure Seele tief durchatmen lässt.

Was weiß ich: einen wunderschönen Strand, ein romantisches Restaurant, eine idyllische Alm oder ein entzückendes Museum mit eindrucksvollen Exponaten ... Und? Seht ihr was?

Wenn ja, dann schaut euch diesen Ort genau an ... Wie riecht er? ... Wie fühlt er sich auf der Haut an? ... Was hört ihr? ...

Genießt diesen Ort, bis ihr merkt, dass ihr entspannt."

Das war der Moment, in dem Günther rauslief. Dummerweise trat er dabei auch noch die Mineralwasserflasche um, die er neben seinen Stuhl gestellt hatte, sodass alle schlagartig aus ihren Traumwelten wieder herausgerissen wurden.

Peter rief ihm hinterher: „Was'n los? Günther!"

Günther blieb ihm Türrahmen stehen und hielt sich mit beiden Händen daran fest. Wie zu sich selbst murmelte er: „Mir geht's wie Annette, ich bin viel zu unruhig, um mich auf so 'ne Übung konzentrieren zu können."

> „Wer ‚Luft holen' will, muss leiden. Nein, im Ernst, lass dich einfach mal drauf ein."

Er drehte sich wieder zu den anderen um: „Es ist so: Ich streite mich andauernd mit meiner Frau ... dabei macht sie gar nichts falsch ... ich glaube, ich lasse einfach meine allgemeine Unzufriedenheit an ihr aus."

Günther lief wieder auf die Gruppe zu und sprach dabei vor sich hin, als würde er die Worte unterwegs aufsammeln: „Ich bin ja noch nicht so lange im Ruhestand ... und ... um ehrlich zu sein ... ich fühle mich total nutzlos. Was meint ihr, warum ich ständig im Garten rumhänge? Ich will was tun. Aber inzwischen habe ich jedes Beet viermal umgegraben, und es ist nicht besser geworden. Klingt vielleicht blöd, aber ich hab das Gefühl: Mich braucht keiner mehr."

Yvonne blickte ihn fragend an: „Na komm, du hast doch gerade die Poesie für dich entdeckt."

„Das ist doch eher ein Hobby. Ich will, dass es einen Unterschied macht, ob es mich gibt oder nicht. Verrückt: Solange ich gearbeitet habe, war ich viel zu beschäftigt, um mir darüber Gedanken zu machen. Oder hab einfach geglaubt, dass mein Job sinnvoll ist. Sei's drum. Jetzt beschäftigt mich die Frage ständig. Mehr noch: Sie zerreißt mich. Macht mich ratlos und wütend: Wer braucht mich? Und ...", er zuckte bedauernd mit den Achseln, „da hilft mir so eine neckische Fantasiereise auch nicht weiter."

Als alle auf einmal auf Günther einreden wollten, schlug Andrea noch mal gegen ihre Klangschale. Als der Ton verebbte, sagte sie: „Ich weiß auch nicht, was den Sturm in dir besänftigen kann, aber ich schlage vor: Wir alle denken einen Moment nach ... wir haben ja Günther schon ein bisschen kennen gelernt ... und dann ... das würde ich gerne mal probieren ... dann sagen wir ihm, was er, unserer Meinung nach, in dieser Welt für einen Unterschied macht."

Als Andrea am Ende dieses Abends noch erwähnte, dass alle zum Abschlussfest nächste Woche ihre Partnerinnen und Partner mitbringen könnten, meldete sich Günther: „Großartig. Ich weiß gar nicht, was ich sagen soll. Danke!"

Welche Person hat für Sie schon einmal einen Unterschied gemacht? Haben Sie ihr das gesagt?

TÜREN AUF

Christian Behr

In der Nacht vom 12. auf den 13. August 2002 lag eine angespannte Ruhe über dem Muldental. Die Straßen wurden überflutet. Deshalb fuhr kein Auto mehr. Der Strom war abgeschaltet. Selbst die Vögel haben sich zurückgezogen aus der Gefahrensituation. Wie eine Ruhe vor dem Sturm, der dann am kommenden Tag als ein ungeahntes Hochwasser über uns hereinbrach.

Nach den ersten drei Tagen der Hektik brauchte es wieder einen Ruhepol. Die Frauenkirche in Grimma wurde für die kommenden Wochen zu einem solchen. In der Mitte unter der Vierung war ein Hügel aus Pflastersteinen aufgeworfen, den das Hochwasser uns förmlich vor die Kirchentür gespült hatte. Darauf brannten immer Kerzen. Es saßen Menschen darum herum, von denen einige jahrelang zwar täglich an der Kirche vorbeigelaufen waren, sich aber nie hineingetraut hatten. Jetzt aber kamen sie herein, um Ruhe für sich, für ihre Seele zu suchen. Einige Wochen gab es täglich drei kurze Andachten – solange es die Menschen benötigten.

Heute, Jahre später, am Tag, an dem ich diese Zeilen schreibe – angespannte Ruhe über dem Elbtal. Kurz zuvor ist in Dresden die Carolabrücke in die Elbe gestürzt. In großer Eile hat man versucht, Teile davon abzubrechen und diese aus dem Flusstal zu bergen, da wieder einmal ein größeres Hochwasser angesagt wurde.

Und wieder kommen Menschen in die Innenstadtkirchen. Sie suchen einen Ruhepol für ihre Seele – zu der Zeit, in der sie diese Ruhe brauchen.

Wir sind wahrscheinlich nicht so gelassen wie Jesus, der noch auf einem Kissen im Boot ruht, während es von einem Sturm durchgerüttelt wird. Er ist der Ruhepol für seine Jünger. Und er sorgt auf eine fast unheimliche Art und Weise dann noch für Ruhe im Sturm.

> „Für uns können verlässlich geöffnete Kirchen solche Ruhepole sein."

Für uns können verlässlich geöffnete Kirchen solche Ruhepole sein. Immer wenn ich unterwegs bin und an einer verschlossenen Kirchentür rüttele, überkommt mich erst einmal ein kleiner Ärger. Nicht immer habe ich Lust, den Angaben im Schaukasten zu folgen, wo ich denn einen Kirchenschlüssel im Dorf bekomme – wenn solche Angaben überhaupt zu finden sind. Verschlossene Kirchen verströmen eher das Gefühl einer Friedhofsruhe, die niemand durch seine Anwesenheit stören sollte. „Entschlossene", verlässlich geöffnete Kirchen, die auch noch einladend wirken, können ein Ruhepol inmitten der Hektik unseres Lebens sein –

auch in Zeiten großer Not, wie es zum Beispiel ein Hochwasser sein kann, oder in anderen Bedrohungszeiten unseres Lebens. Aber auch für einen umherwandernden einzelnen Besucher, der vielleicht nur einen Augenblick Ruhe für seine Seele sucht, sollten Kirchen als Orte der Ruhe geöffnet sein. Sie wurden uns von den Vorfahren anvertraut als Heimat für die Gemeinde, als Gottesdienststätte, aber auch für solch eine verlässliche Funktion der Ruhe in der Hektik des Alltags. Nutzen wir sie als Besucherinnen und öffnen wir sie als dafür Verantwortliche in einer Kirchgemeinde.

Sollten Ihrer Meinung nach Kirchen immer geöffnet sein? Wie ließe sich das bewerkstelligen? Können Sie dabei helfen?

ES MUSS NICHTS HERAUSKOMMEN. NUR HINEIN.

Tobias Petzoldt

Ich komme
Zur Stille
Zur Ruhe
Zu mir
Zu dir
Du machst
Du siehst
Mich
Sprachlos

Wind, Wellen und allerlei Wirbel, wer kennt das nicht. Und all die Leute, die viel Wind, Wellen und Wirbel machen, oft um wenig. Aber dafür umso lauter die Katastrophe ausrufen, den Teufel an die Wand malen und den gelassenen Beobachter nicht in Ruhe lassen, sondern den letzten Nerv rauben. In diesem Fall dem auf dem Kissen: Während der seelenruhig schläft, haben die anderen ihren Seelenfrieden verloren und Angst, mutterseelenallein zu ersaufen. Im Meer der Wellen, im Wind der Zeit, im Wirbel der Problemlagen.

Vermutlich durchaus zu Recht. Wenn die Welle der Verzweiflung über uns hereinbricht, wenn die Planken schwanken, wenn ein scharfer Wind uns ins Gesicht schlägt, wir gegen den Wind segeln und dabei Wind und Wetter ausgesetzt sind, ist's stürmisch in Herz und Hirn, in Sinn und Seele. Darum lässt sich der Schlafende wecken. Er verlässt sein Ruhekissen, steht auf, macht eine Ansage. Zwei Worte, volle Wirkung: Schweig! Verstumme! Dann ist die Welle gebrochen. Dann ist Ruhe.

> “ Zwei Worte, volle Wirkung: Schweig! Verstumme! ”

Ein schönes Beispiel, dieser Bibeltext, und eine Sehnsucht, dass es doch immer so einfach sein könnte: In den Stürmen unserer Seele wenden wir uns an das Geheimnis, das wir Gott nennen. Und Gott macht eine Ansage, der Wind legt sich, und wir kommen – endlich – zur Ruhe. Ich kenne viele Zeiten, da gelingt mir das nicht. Da bleibe ich schlaflos. Nicht hoffnungslos zwar, aber es fehlt mir an Vertrauen, an Hoffnung, an Stärke. Trotz ehrlich formulierten Glaubensbekenntnissen, trotz des Wissens um gute Beispiele der Besserung. Vielleicht braucht es darum dann und wann in sicheren Zeiten Trainingseinheiten des Vertrauens.

Die Fastenzeit ist für mich so eine. In diesen Tagen dürfen auch wir erweckt werden. Und uns auf das Göttliche hin orientieren, das damals und heute einen Schnitt machen kann mit allerlei Alltagsstürmen und unerwünschten Windwellenwirbeln. Das will ich fest glauben! Darum soll man immer neu ab und an abschalten die technischen Endgeräte, das Denken und alles Planen. Hin und wieder darf man sich hinwenden zur Stille, zum Schauen, zum Sein. Um sein zu können, um Sein zu sein. Dabei muss nichts herauskommen. Nur hinein.

Denn wer den Kreislauf des Gewohnten durchbricht, kann neue Wege entdecken. Darum mag ich mich immer wieder neu selbst in die Wüste schicken (oder aufs Meer), aus mir herausgehen, um an- und zur Ruhe zu kommen. Und neu zu mir selbst.

RUHE FINDEN?

Ruth Gütter

Sieben Wochen ohne Panik – so lautet das Motto der Fastenaktion 2025. Gar nicht so einfach, wenn man sich die Auswirkungen der aktuellen Krisen ansieht, allen voran die Klimakatastrophe ...

Greta Thunberg ist da jedenfalls anderer Meinung: „Das Haus brennt! Ich will, dass ihr Panik bekommt." so ihre Worte 2019 vor dem Weltwirtschaftsforum in Davos.

Ich kann sie gut verstehen. Wenn wir an die verheerenden Überschwemmungen, Dürren und Waldbrände in vielen Ländern denken und daran, was noch kommen kann, dann können wir nicht länger schlafen und uns in Sicherheit wiegen. Dann müssen wir endlich aufwachen und handeln.

Auch im EKD-Text 130 von 2018 heißt es: „Das Leben auf dem Planeten hat Grenzen. Wir Menschen sind dabei, sie zu übertreten. Weiter so geht nicht mehr!" Und Harald Welzer verwendet in seinem neuesten Buch „Zeitenende" ein drastisches Bild für die weit verbreitete aktuelle Haltung in Politik und Gesellschaft: Unser Schiff bewegt sich auf einen Eisberg zu, und wir streiten uns immer noch darum, wie wir die Liegestühle anordnen.

Auch in unserem Bibeltext aus Markus 7 ist höchste Gefahr, und was tun die Jünger? Sie handeln! Sie wecken Jesus auf und schreien um Hilfe. Sie sagen nicht: Alles halb so wild. Das beruhigt sich schon wieder.

Und auch Jesus bleibt nicht entspannt liegen. Er steht auf, er sieht die Gefahr und gebietet den Wellen Einhalt.

Das könnte auch für uns ein Vorbild sein: wach werden, aufstehen, etwas tun.

Dafür jedoch braucht es auch einen ruhigen Kopf und ein mutiges Herz. Und eben nicht kopflose Panik und ein ständiges Drehen an der Angstspirale. Denn das kann auch lähmen.

„Dafür jedoch braucht es auch einen ruhigen Kopf und ein mutiges Herz."

Zum Handeln gibt es keine Alternative. Jedoch ist es schon entscheidend, wie wir handeln: nämlich klug, überlegt, konsequent und effektiv. Dazu muss ich auch innehalten, nachdenken, meine Kräfte gut einteilen. Und mir Hilfe holen, wenn meine äußeren und inneren Kräfte an ihre Grenzen kommen.

Mir hilft es, mich mit anderen auszutauschen und zu vernetzen. Sich gegenseitig ermutigen und Geschichten des Gelingens erzählen. Und immer mal wieder auch Pausen zu machen, sich mit einer Kraft zu verbinden, die größer ist als meine. In der Natur, in der Stille, im Gebet.

Beten und kämpfen, Ruhe finden und hellwach sein sind also keine Gegensätze. Sie dürfen nicht gegeneinander ausgespielt werden, es braucht beides.

Ignatius von Loyola hat es einmal so gesagt: „Handle so, als ob alles von dir abhängt im Glauben daran, dass alles von Gott abhängt.“

Das Netzwerk an Menschen, die uns unterstützen, ist oft größer als man glaubt. Wer gehört zu Ihrem?

STURM STILLEN

Stefanie Schardien

Wenn mein kleiner, neugeborener Sohn hungrig war, dann wurde er wie ein Wirbelwind auf meinem Arm. Er wand sich, als wäre er dabei zu verhungern. Seinen kleinen, schweren Kopf warf er hin und her, mit verzweifeltem Blick und einer winzigen Sorgenfalte auf der Stirn. Den Mund hatte er weit geöffnet, wild suchend nach meiner Haut und der Muttermilch.

Meine Hebamme fand das lustig: wie ein kleiner Piranha! Und wenn ich zu Beginn überlegte, ob diese spontanen Dramaauftritte womöglich ein bisschen übertrieben sein könnten, meinte sie: Du musst das verstehen: Für ihn ist es, als würde er jedes Mal um sein Leben kämpfen! Was soll er tun? Zum Kühlschrank gehen kann er ja noch nicht! Da kannst du nicht einfach gemütlich auf dem Sofa sitzen bleiben oder schlafen. Na los ... Rette ihn.

Mit seinen Mini-Fingern krallte er sich in meinen Oberarm. „Mama, fragst du nicht danach, dass ich hier umkomme?“ Also stand ich auf, nahm den kleinen wilden Kerl, stillte seinen Hunger und seine Angst. Und seine Unruhe legte sich; und es ward eine große, dreistündige Stille.

IN MIR RUHEN WIE EIN BAUM

Christine Lungershausen

Der Baum meiner Kindheit ist ein Walnussbaum. Mit weit ausladenden Ästen stand er in unserem Garten. Riesig, seine Wurzeln reichten bis tief in die Erde. Wenn ich unter ihm lag, war der Himmel voll grüner Blätter. In seinen Ästen nisteten Uhus, so dachte ich als Kind. Erst später wurden sie enttarnt als unheimliche Tauben. Aber für mich blieben es Uhuhus: so sehr Uhu, dass ein zweites Hu dazumusste. Die Uhuhus bewachten meine Träume, so wie der Walnussbaum mein Gesicht vor Mückenstichen beschützte und meine Kinderhaut vor Sonnenbrand.

Heute als Erwachsene frage ich mich: Was ist wohl aus dem Baum geworden? Haben Kinder eine Schaukel dranhängen? Oder ist er zu Brennholz verarbeitet oder zu Nussbaumschränken?

Der Baum meiner Kindheit ist ein Walnussbaum.

Durch ihn sehe ich Bäume heute anders, wie in seinem Schatten. So auch die Eiche bei uns vor der Kirche. Um die Eiche brandet der Verkehr der Eschborner Hauptstraße. Autos parken hier, die Spielstraße ist zum Spielball der Monstertrucks geworden.

Die Eiche strahlt Ruhe aus. Um sie flutet der Verkehr, hupen Autos, stehen Abgase in der Luft. Doch die Wurzeln des Baumes reichen in die tiefsten Schichten der Erde. Und so wurzelt meine Seele in der Tiefe. Und findet Halt.

Wie ein Baum möchte ich sein, wie der Walnussbaum meiner Kindheit: stabil und den Stürmen trotzend. Den unruhigen Vögeln gebe ich ein Obdach, wer mir zu laut ist, den quartiere ich aus in den Kirchturm.

Manchmal, wenn das Leben ebenso um mich wogt wie der Verkehr um den Baum, stelle ich mir vor, ich wäre das: ein Baum, dessen Wurzeln bis weit in die Tiefe reichen. Ich atme tiefer und sammle meine Luft aus den Tiefen der Erde. Ich richte mich auf und strecke mich in die Weite des Himmels. Zu den entscheidenden Zeiten gebe ich meine Frucht. Doch das Wichtigste ist der Sauerstoff, den ich atme. Schon wie ich da bin, lässt andere durchatmen.

> “Und so wurzelt meine Seele in der Tiefe.”

Irgendwie erinnert mich dieser Baum inmitten des Verkehrs an den in sich ruhenden Jesus inmitten des Sturms: „Und er stand auf und bedrohte den Wind und sprach zu dem Meer: Schweig! Verstumme! Und der Wind legte sich, und es ward eine große Stille.“ Und die Menschen, die ruhig sind und sich der Bäume in sich erinnern, widerstehen den Lebensstürmen. Sie sagen zu den fiesen Anfragen: „Schweigt! Verstummt!“ Und die Angst legt sich. Und die Seele wird ruhig. Und es wird eine tiefe Stille.

Ruhe finden – konkret

Günter A. Menne

Als die Jünger einmal zusammen mit Jesus über den See Genezareth fahren (Markus 4,37–39), kommt plötzlich ein Sturm auf, und der kleine Rudersegler droht zu kentern. Jesus aber schläft seelenruhig irgendwo im Heck des Bootes auf einem Kissen. In Panik wecken die Jünger ihn auf …

In einer ähnlichen Lage befand ich mich einmal auf dem Atlantik vor der Westküste Irlands, als ich von dort mit einer Gruppe von Touristen auf einem motorisierten Fischerboot nach Skellig Island auf das offene Meer hinausfuhr zu jener felsigen Eremitage von Mönchen des 7. Jahrhunderts, zwölf Seemeilen vom Festland entfernt, als auf der Hälfte der Strecke ein starker Wind aufkam.

Ohne Schwimmwesten saßen wir, wie die Hühner auf der Stange, auf zwei schmalen Bankreihen längs des Bootsrumpfs, von dem Wasser, das ab und an schon mit einer Welle ins Innere schwappte, nur durch eine, vielleicht auf dreißig Zentimeter hochgezogene Bordwand aus Holz getrennt. Während der Himmel über uns sich langsam verdunkelte, hatte der mürrische

Skipper plötzlich aufgehört, auf unsere bangen Fragen zu antworten. Er tat nun nichts anderes mehr, als stur geradeaus auf die raue See zu starren und den stampfenden Kahn durch die Wellen zu manövrieren.

Was hätte ich darum gegeben, wenn sich da plötzlich Jesus persönlich von seinem Schlaflager im Heck des Bootes erhoben hätte, um den Wind zu bedrohen und dem Meer zu gebieten: „Schweig! Verstumme!"

Den Herrn sahen und hörten wir nicht, er war aber wohl bei uns, denn schließlich erreichten wir Skellig, wo es uns sogar gelang, trotz des immer noch bedenklichen Seegangs anzulanden. Wenig später klarte sogar der Himmel auf, und wir erlebten einen strahlenden Tag auf der Felseninsel, den wir allerdings kaum genießen konnten, weil die Aussicht auf die Rückfahrt sich wie ein grauer Schatten über alle Freude gelegt hatte – völlig umsonst übrigens, denn das schöne Wetter hielt an, und ein paar Stunden später erlebten wir eine beschauliche Heimfahrt über ein sanftes Meer bis in den sicheren Hafen von Portmagee.

In den beiden Geschichten – von der Schar der Jünger auf dem biblischen See Genezareth und von einer Touristengruppe auf der Irischen See – steckt eine ganze Menge, wenn wir einmal danach fragen wollen, wie man am besten mit Angst, mit Furcht oder gar mit Panik umgeht.

Um jedoch ehrlich zu sein: außer der Parole „Ruhe bewahren“ oder zu beten (was ich wirklich getan habe auf jenem durch die Wogen rollenden Seelenverkäufer) ist mir damals auch nichts weiter eingefallen gegen meine *Furcht* – die konkrete Schwester der meist diffusen *Angst* –, die ich, unnötigerweise, wie sich dann ja herausstellte, vor jener drohenden Rückfahrt empfand.

Womit bereits bewiesen wäre: „Es ist meist die Vorstellung von etwas, die uns Angst davor macht, und nicht die Sache selbst“, sagt Epiktet (ca. 50–138 n. Chr.), ein Vertreter der philosophischen Schule der Stoa.

Er empfiehlt uns darum, nach jener sprichwörtlichen „stoischen“ Ruhe des Gemüts zu streben, indem wir stets gegenwärtig bleiben und die Dinge sehen, wie sie sind – und nicht unsere Fantasien eskalieren lassen.

Das aber gelingt, so Epiktet, leichter, wenn wir uns in jeder Situation nur immer bewusst sind, was „unser *Eigen*“ ist, was also in unserer Macht steht: das Denken, das Handeln, das Verlangen und das Meiden. Und über was wir nicht frei verfügen: Körper, Besitz, Ansehen und Würden – „alle *außer* uns“.

Denn jederzeit, so der Philosoph, könne uns all dies ja genommen werden! Darum sei es auch vernünftig (Epiktet liebte maritime Metaphern), als Matrose zwar mit dem Beiboot an Land zu rudern und am Strand nach Muscheln und anderen Schätzen zu suchen, um sich daran zu erfreuen, doch immer bereit zu sein, wenn der Kapitän ruft und die Glocke läutet, um alles stehen und liegen zu lassen und unverzüglich zum Schiff zurückzukehren ...

In der biblischen Episode auf dem See Genezareth sind das Zagen der Jünger im Boot, der Wind und das Meer Bilder für jene inneren und äußeren Mächte, die uns Menschen bisweilen ängstigen. Diesen gebietet Jesus Einhalt. Ist darin aber nicht eine Analogie erkennbar zu Epiktet, bei dem die stoische Vernunft des reifen Ichs die Macht hat, die Stürme in uns zu beruhigen?

Tiefen Frieden, wahre Ruhe oder, wie die Stoiker sie nannten: *Ataraxia – Seelenruhe* – finden wir nur in unserem Inneren: Das ist nicht nur die Botschaft des Epiktet, sondern auch der christlichen Mystiker wie etwa Meister Eckhart. Und es ist kein Zufall, dass Epiktets Hauptwerk, das „Handbüchlein der Moral", (mit geringen Änderungen) später als „Handbüchlein der christlichen Moral" herausgegeben wurde.

> “ Ataraxia – Seelenruhe – finden wir nur in unserem Inneren. ”

Die Fastenzeit bietet eine gute Gelegenheit, sich selbst (und Gott) in der Stille des Gebets oder der Meditation zu begegnen – und dort, in unserem Inneren, auch zur Quelle der Kraft und Hilfe zu finden, wenn wir in Angst oder gar in Panik zu geraten drohen, nicht allein auf hoher See, sondern im Alltag, in der Partnerschaft, im Beruf.

So wie es der Pianistin Maria João Pires gelang, als sie im Konzert – schon bei der ersten Note des Orchesters – bemerkte, dass sie das falsche Stück vorbereitet hat. Der Dirigent erkennt die Situation, sieht ihre Not, Scham, Panik (davon gibt es ein Video im Netz) und raunt ihr zu „Du schaffst das!" – darauf Pires, leise: „Ich werde es versuchen." Dann schließt sie die Augen und ruft in sich jene *Emotionen* wach, die sie vor Jahren fühlte, erklärt sie später, als sie das Stück zuletzt spielte – und gibt das Konzert fehlerfrei.

Genau das – und nicht etwa, sich an Noten zu erinnern – war das Vernünftigste, was sie tun konnte, um ihrer aufkommenden Panik Herr zu werden. Und so endet auch diese Geschichte wie die von den Jüngern und Jesus auf dem See Genezareth: „Der Wind legte sich und es ward eine große Stille." *(Markus 4,37–39)*

7 WOCHEN OHNE

Oster-
wunderluft

7

Schickst du deinen Lebensatem aus, dann wird wieder neues Leben geboren. So machst du das Gesicht der Erde neu.

Psalm 104,30 (BasisBibel)

Osterwunderluft

Ralf Meister

BIBLISCHE MINIATUR ZU PSALM 104,30

„Was für eine wunderbare Luft!" Tief durchatmen. Die Frische einströmen lassen. Wie ein erstes Ankommensgefühl. Der alte Dunst bleibt zurück. Das Abgestandene und Verbrauchte ist weg. Es weht ein anderer Wind. Aber an manchen Tagen ist es nur eine Erinnerung oder ein ungreifbarer Traum. In Trauerkammern bleiben die Fenster geschlossen. Die beschwerte Seele scheut das Licht. Karfreitagsschwere ist erfüllt von tonlos geseufzter Klage und vielfach geweinter Luft.

In manchen Kirchen ist eine „Pietà" zu sehen. Das Bild der unbewegten Klage. Eine Schmerzensskulptur. Es muss der Abend sein, der Beginn der Nacht. Leblos liegt der, den sie vom Kreuz genommen haben, auf Marias Knien. Diese Zeit nimmt sie sich, in der sie

Schmerzensmutter sein darf. Ein Moment, in dem für ein Kurzes die Zeit stillsteht. Gleich werden sie ihn ins Grab legen. Aber dann wird sie zurückkehren in die trübe Kammer, wo sich nichts bewegt und sie nur genau dieses Bild beweinen darf. Viele erleben, wie auf diese Weise die Zeit stillsteht. Und wie nicht vorstellbar ist, dass es jemals anders wird.

> “Am leeren Grab weht ein anderer Wind.”

Der dritte Tag beginnt mit einem neuen Morgen. Was für ein Erlebnis! Es ist Ostern! Als die Frauen gerannt kommen und die Jünger nachsehen. Der Stein ist fort. Licht scheint ins Grab. Die Türen werden aufgerissen. Wind fährt durchs Haus. Sie hätten auf die Knie fallen und beten können, wie es ihre Vorfahren taten: „Schickst du deinen Lebensatem aus, dann wird neues Leben geboren." Osterwunderluft weht sie an. Das Gesicht der Erde ist neu.

Sieben Wochen sind wir den Weg Jesu mitgegangen, den Kreuzweg. Nun erleben wir Ostern. Gottes Schöpfungsatem zieht durch die Welt. Belebung geschieht im Tod. Bewegung kommt in den Stillstand. Es erhebt sich Osterwunderluft. Am leeren Grab weht ein anderer Wind. Die Welt hat ein neues Gesicht.

Können wir das mitnehmen? Können wir es glauben und leben? „Der Herr ist auferstanden", rufen die einen. „Er ist wahrhaftig auferstanden", antworten die anderen. Und dann geht es hinaus in einem neuen Bewusstsein. Dieses Leben muss sich leben lassen. Das Tödliche verdient keinen Sieg. Da ist es, das Ankommensgefühl im Neuen. Osterwunderluft lässt durchatmen. Frische strömt ein. Wir sind da.

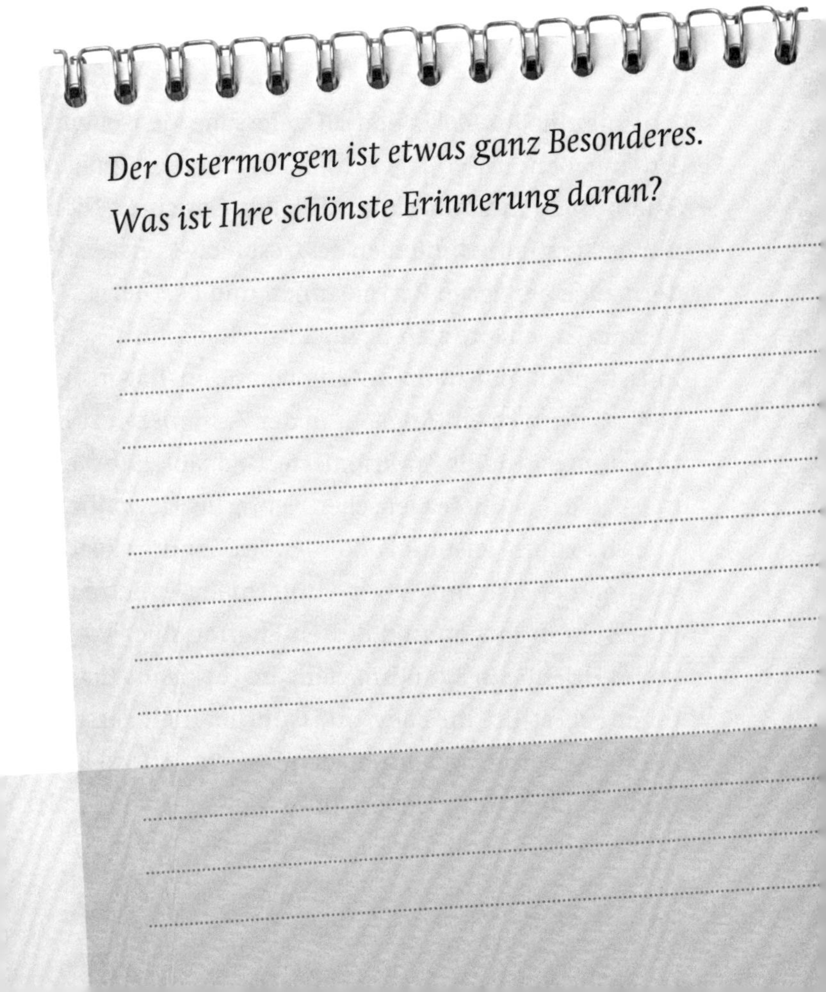

„Hoffnung gießt
in Sturmnacht
Morgenröte."
Johann Wolfgang von Goethe –
könnte aber auch von Günther sein.

ATEM LOS 7

Fabian Vogt

Was für eine Runde! Lauter ausgelassene Menschen … ein angenehmes Völlegefühl … nach einem üppigen Salatbuffet – und überall strahlende Gesichter. Nicht nur bei den Teilnehmenden des Gesprächskreises, sondern auch bei deren Partnerinnen und Partnern.

Andrea schaute sich beglückt im Raum um – und musste noch mal an ihr anfängliches Unbehagen denken, ob denn so ein Angebot in der Passionszeit funktionieren würde. Es funktionierte. Und plötzlich dachte sie: „Ich habe diese Menschen richtig lieb gewonnen."

Peter zupfte leise die Akkorde von „Country Roads", während er sich mit Yvonne unterhielt, Annette diskutierte mit Jochen und dessen Ehefrau über Wohnmobil-Urlaube in Skandinavien, die türkisblau leuchtende Nici stillte ihr Baby, und Günther hielt Zettel in der Hand; vermutlich mit neuen Gedichten. Und Erik, Andreas Ehemann? Der erzählte Nicis Freund gerade was Lustiges, denn der lachte schallend. Vermutlich wieder diesen bekloppten BWLer-Witz: „Fragt der Hirsch: Wie wird das Reh finanziert? – Wegen ‚refinanziert‘, verstehste?“

Sie klatschte in die Hände, um die Aufmerksamkeit auf sich zu ziehen, dann sagte sie: „Heute Abend ist unser Abschlussfest, aber ich möchte trotzdem eine Übung mit euch machen. Geht auch ganz schnell. Hier ... ich habe Zettel mitgebracht ... und lade euch ein: Schreibt da was drauf ... etwas, was ihr euch von der Zukunft erhofft. Aber Achtung! Jetzt kommt die Herausforderung. Schaut mal, ob euch was einfällt, das nicht allein in eurer Hand liegt – etwas, für das es ... ich sag mal ... ein kleines ‚Wunder‘ braucht.

Ich meine: Es gibt ja Wünsche, da liegt’s an unserem Engagement bzw. unserer Faulheit, ob sie klappen oder nicht. Und es gibt Wünsche, da braucht es mehr: die richtigen Umstände, passende Weichenstellungen, die Unterstützung des Himmels – je nachdem, wie man es ausdrücken möchte.“

Yvonne rief: „Und was machen wir dann mit den Zetteln?“

Andrea nickte: „Gute Frage. Wer will, kann seinen Wunder-Wunsch vorlesen – muss er aber nicht. Ich dachte mir: Jeder nimmt am Ende den Zettel eines anderen mit und ... betet ab und an für dessen Wunder-Wunsch. Wer weiß: Vielleicht passiert ja was.“

Während die Leute ihre Hoffnungen aufschrieben, legte Andrea ihr Lieblingszitat in die Mitte, das von Albert Einstein: *„Es gibt zwei Arten, sein Leben zu leben: entweder so, als wäre nichts ein Wunder, oder so, als wäre alles ein Wunder.“*

Als alle fertig waren, meldete sich ausgerechnet Erik, ihr Mann, als Erster. Er räusperte sich, dann sagte er: „Als Andrea mir erzählt hat, dass sie diesen Kreis anbieten will, war ich skeptisch. Aber wisst ihr was: Seit sie euch trifft, ist sie wie ausgewechselt. Ich meine: Der Tod ihrer Mutter hatte sie unglaublich runtergerissen ... ich hatte schon Angst, sie rutscht in eine Depression – und jetzt ... ja ... jetzt ist sie wieder da ... für mich ist das wie eine Auferstehung. Danke an euch. Und danke an dich, Andrea. Mein Wunder-Wunsch ist, dass das so weitergeht.“

Als er seine Frau in den Arm nahm, strahlte seine Freude aus.

Da hob Jochen die Stimme: „Ich würde meinen Wunder-Wunsch auch gerne vortragen. Obwohl: Ich weiß gar nicht, ob’s dazu ein Wunder braucht, aber ... also ... ich fänd’ es toll, wenn das heute nicht das Ende unserer Gruppe wäre. Kann’s nicht nach Ostern weitergehen? Vielleicht nicht jede Woche, aber ... was weiß ich ... einmal im Monat? Was denkt ihr?“

„Kann‘s nicht nach Ostern weitergehen?“

Als alle Andrea fragend anschauten, lief ein warmer Schauer durch ihren Körper: „Echt? Ja, klar. Also von mir aus gerne."

Erik, der sie weiter an sich gedrückt hatte, zog die Augenbrauen zusammen: „Äh, Moment mal, sollten da die Ehepartner nicht auch gefragt werden? Nun gut, unter einer Bedingung." Er fing an zu grinsen: „Könnte ich auch mitmachen?"

Wann haben Sie das letzte Mal ein wirklich schönes Fest gefeiert? Was war der Anlass?

GEHEIMNIS EINES LEBENS

Christiane Birgden

Ich lerne sie erst im Alter kennen. Diese kleine, positive Frau. Sie besucht regelmäßig unsere Gottesdienste. Kirchencafé und Frauenhilfe bleibt sie fern. Mir scheint, sie flieht vor dem Tratsch.

So beschränken sich unsere Gespräche auf einen kurzen Schnack, wenn sie an unserer Kirche vorbei zum Einkaufszentrum geht. Oder wenn sie im Herbst vor ihrem Haus Laub fegt. Fünf Kinder hat sie geboren. Ich staune.

Als sie im hohen Alter stirbt, bereite ich mit ihren Töchtern die Trauerfeier vor. Sie erzählen von Flucht und Vertreibung, davon, dass das Ankommen im katholischen Köln nicht leicht war. Als „Pimmock" wurden sie beschimpft, ein übles Wort für evangelische Geflüchtete aus dem Osten. Auch finanziell musste man schauen. „Zu siebt wird man nicht eingeladen", sagt die Tochter. Also machten sie es sich nett. Eintopf mit Liebstöckel aus dem Garten. Der schmeckte allen.

Der Vater arbeitete als Fernfahrer. Sie ging zusätzlich putzen, um den Kindern Tanzschule oder ein Instrument zu ermöglichen. Alles ging nicht. Eine Tochter starb mit sechzehn, der Jüngste blieb zeitlebens ein Sorgenkind. Aber dann gab's zum Geburtstag Buttercremetorte. Und dann wurde getanzt, „geschwoft“, wie man hier sagt. Zu Rudi Schuricke auf dem kratzigen Plattenspieler. Diese Frau verstand es zu leben, denke ich. Ein Leben, das Bitteres und Süßes vereint und in Gottes Händen weiß.

Psalm 104 hat sie sich für ihre Trauerfeier ausgesucht. Ein Geheimrezept für ein glückliches Leben. Ein Bollwerk gegen alle Widrigkeiten.

Ein solches Leben spricht von Gott, ohne ihn zu benennen. Ein solches Leben lebt schon jetzt aus der Kraft der Auferstehung. Zwischen Putzeimer und Eintopf. Für mich ist es Zeugnis und Ermutigung.

Kennen Sie auch jemanden mit einer besonderen Lebensgeschichte? Was fasziniert Sie daran am meisten?

FRIEDEN LIEGT IN DER LUFT

Bernhard Felmberg

Sie können ganz eng – aber am liebsten sind sie draußen an der frischen Luft. Soldaten haben manchmal wenig Platz und nur gefilterte Luft: in gesicherten Fahrzeugen, fensterlosen Schiffen, abhörsicheren Kellern oder in der „Dose", dem Einsatz-Container. Aber ihre Gottesdienste halten sie am liebsten draußen unter dem Birkenkreuz. Wohl keine andere Gemeinde feiert so viele Freiluftgottesdienste wie die Militärseelsorge.

Manchmal wackelt der Altartisch ein bisschen, die Kerzen flackern bedenklich, und der Gesang klingt auch nicht so voll wie im Gewölbekeller. Aber den Atem Gottes – den können wir im Feldgottesdienst unter freiem Himmel viel besser glauben und spüren. Die Freiheit. Die Weite der Welt. Gottes unbegrenzte Möglichkeiten. Wunder liegen in der Luft.

Die Männer und Frauen in der Bundeswehr sind Optimisten. Wenn sie nicht hoffen könnten, dass es möglich ist, sich der Gewalt erfolgreich entgegenzustellen, wenn sie das nicht hoffen könnten – dann würden sie es ja nicht versuchen. Trotzdem bleibt Frieden ein Wunder. Nicht unser, sondern Gottes Werk.

Für so einen Gottesdienst gibt es keinen besseren Ort als draußen im Freien. Und keinen besseren Tag als Ostern. Weil es einen Gott gibt, der stärker ist als der Tod. Weil sein Atem neues Leben schafft.

Ostern unter dem Birkenkreuz. Frieden liegt in der Luft.

Wo fühlen Sie sich Gott näher: in der Natur oder in einer Kirche? Warum?

DER VERWANDLER DER LUFT, DER SCHÖPFER DER HOFFNUNG

Miriam Hackländer

Manchmal setze ich mich ans Klavier, spiele Akkorde und lasse alles fließen. Alle Gedanken, Ängste werden zu Worten, sie brechen aus mir heraus, und ich wiederhole sie, arbeite mit ihnen, bis sie werden, was ich fühle. Ich singe, zu Akkorden, die ich blind greife, zu der Stimme in mir, die vor Klage ruft. Alles scheint verloren, während die Töne das Einzige sind, was das Wohnzimmer und mich erfüllt und mir die Tränen übers Gesicht laufen. Eine neue Melodie entsteht – einfach so, doch vermag sie mich nicht zu trösten.

Dann plötzlich erinnere ich mich voller Erleichterung: Ruach! Das ist das hebräische Wort für Wind, Geist, Atem und für den Geist Gottes. Alle Wörter, die im Deutschen so weit voneinander entfernt sind, teilen sich im kleinen hebräischen Wortschatz diesen Namen, sie sind darin vereint. Und dabei wohnt – finde ich – dem Wort eine Lautmalerei inne: Ru-ach.

Wie viel Kraft in einem Namen liegen kann, denke ich und erinnere mich an all die anderen Namen, die ich ausbrechen lasse, zu Tönen begleite: Odem, Emmanuel, Jesus, Trösterin, Mutter, Liebe, Messias, Alpha und Omega ...

Ich singe nur noch Namen, die alle Gott meinen, Gottesnamen, die mir wie Gedankenblitze durch den Kopf schießen, sie fallen übereinander und überlagern allen Schmerz, alleine die Namen sind größer, wie viel größer ist dann Gott?

Und während die Tränen trocknen, verändert sich mein Gesicht, es wird weicher, alle Qual weicht daraus, meine Stirn wird wieder glatt, meine Augen groß und nicht verengt, und ich sehe wieder – endlich, denn vor lauter Tränen war alles verschwommen. Mein Gesicht wird wieder zu dem meinen, und gleichzeitig ist es auch heute ein klein wenig anders geworden, hoffnungsvoller vielleicht.

Meine Stimme hört auf zu zittern und bekommt einen mutigen, selbstbewussten Ton. Mein Körper entspannt sich, findet Ruhe in dem Namen, der alles verändert. Gott, der aufrüttelt, auferweckt, ja – neu macht.

„Mein Körper entspannt sich, findet Ruhe in dem Namen, der alles verändert."

Es ist nur ein kleiner Hauch, es ist ein ganz kleines bisschen, was genau reicht, um mich auf meinem Klavierhocker wieder aufzurichten und mich an die Hoffnung zu erinnern, die in meinem Herzen lebt. Mein Gott ist größer, mein Gott lässt niemanden alleine, mein Gott liebt, so, so sehr. Mein Gott ist, mein Gott fühlt, mein Gott kennt. Mein Gott ist größer, als alles Menschengedachte, als aller Schmerz, als alle Trauer.

Wenn das nächste Mal sich alles in dir droht zu überschlagen, dann erinnere dich: Ru-ach! Atme ein: „Ru“ atme aus, „ach“, atme, atme tief. Konzentriere dich auf deinen Atem, deinen Lebensatem, auf den Namen, der größer ist, der wie ein Wind dich erfrischen will, verändern will, zeigen will: Ich bin da.

> “Das, was immer ist, solange du lebst, ist der Atem.”

Gott, der unveränderte Beweger verändert Bewegungen in dir und mir. Er lässt die kalte Luft im Außen zu unserer warmen Atemluft werden. Sie lässt Hoffnung in dir und mir wachsen, wenn wir sie nicht haben. Sie lässt meine und deine Worte zu einer neuen Lebensmelodie aufsteigen.

Das, was immer ist, solange du lebst, ist der Atem. Das, was sein wird, lange nachdem du gelebt hast, ist Gott. Das, was dich eines Tages wieder lebendig machen wird, ist Gottes Atem.

Gott ist der Odem, der durch dich und mich fließt, Gott schenkt den Lebensatem, und wenn er dir wieder einmal stocken sollte, dann erinnere dich:

Ru – ach: Gott gießt seinen Geist in dich aus. Sein Name ist größer, wie viel größer ist dann Gott?

ALLES WIRD LEICHT

Matthias Lemme

Trau dich hinaus, halt die Nase in den Wind.
Bleib nicht zuhaus, wenn der Wolkenvorhang fällt.
Das ist die Zeit, auf die du so lang gewartet hast.
Alles gelingt, alles wird leicht.

Sieh dich mal um, auf den Beinen in die Welt.
Keiner ist stumm, wenn das Licht vom Himmel fällt.
Das ist die Zeit, auf die ihr so lang gewartet habt.
Alles gelingt, alles wird leicht.

Jetzt geht es los, ihr seid frei, steckt andre an,
lebt aus dem Fluss, der Geschichte schreiben kann.
Das ist die Zeit, auf die Gott so lang gewartet hat.
Alles gelingt, alles wird leicht:

Trau der Welt mal einen Lauf zu,
lass die Träume raus ans Licht.
Fühl die Glut in deinem Herzen,
glaub dem Geist, der dir verspricht.
Trau der Welt mal einen Lauf zu,
lass die Träume raus ans Licht.
Alles gelingt, alles wird leicht.

LEBENSATEM, DER RUHE SCHENKT

Maxi Konang

Ich kenne aus meiner Kindheit niemanden, der ständig so in Eile war wie meine Mutter. Das musste erledigt, dies gemacht werden, hier musste sie schnell noch hin, permanent war sie unterwegs und hatte gefühlt jeden Tag einen Termin nach dem anderen. Wir sahen uns kaum, und daher war ich häufig auf mich allein gestellt. Oft war ich sauer darüber, wollte ich doch viel mehr Zeit mit ihr verbringen, gemeinsam mit ihr in den Urlaub fahren und Ausflüge an den Wochenenden machen, so wie ich es bei anderen Familien sah.

Zur Ruhe kam meine Mutter, wenn wir in unserer geringen Freizeit eine Kirche besuchten. Aufgrund der beschriebenen Situation waren es nur wenige Male, und doch sind diese kurzen Momente bei mir hängen geblieben. Wahrscheinlich gerade, weil sie so selten waren. Besonders am Ostermorgen fiel es mir auf. In der Kirchenbank kam sie zur Ruhe, ihre Züge wurden weicher, und sie entspannte.

Ich kenne aber auch niemanden, der so oft immer wieder neu angefangen hat wie meine Mutter. Im Job, in der Selbstständigkeit und familiär – begleitet von vielen Umzügen – sowohl privat als auch mit ihrer Naturkosmetikpraxis. Sie war ständig im Umbruch. Jetzt, nach all den Jahren und als Erwachsene, sehe ich die Dinge nicht nur mit Abstand, sondern auch, dass meine Mutter trotz der wenigen Zeit immer ihr Bestes gegeben hat. Sie musste sich oft neu erfinden, andere Wege finden, umdenken.

Der Psalm 104, Vers 30 erinnert mich oft daran. Gott macht immer alles neu. Er schickt seinen Lebensatem aus. So bleiben wir in Bewegung, es gibt keinen Stillstand. Und so ändert sich auch ständig das Angesicht der Erde. Menschen werden geboren, andere sterben, alles ist im Fluss.

Auch ich hatte diese Phasen in meinem Leben, ähnlich denen meiner Mutter. Mit meinen eigenen Erfahrungen und dem Wissen von heute, mit meinem Erwachsenwerden, konnte ich ihr vergeben, dass wir früher so wenig Zeit miteinander hatten.

Meine Mutter ist jetzt im Ruhestand. Sie kümmert sich um den Garten, weckt Obst und Gemüse ein und besucht ihre Kinder und Enkelkinder. Am Ostermorgen gehen wir jedes Jahr in den Festgottesdienst meiner Taufkirche. Und dort erlebe ich, was ich einige Male in meiner Kindheit erlebt habe. Sie kommt zur Ruhe, ihre Gesichtszüge werden weich, und sie entspannt.

Wenn wir aus der Kirche kommen, wirkt sie ruhig und erfrischt. Gott macht alles neu. Auch die, die schon länger auf der Erde sind bzw. wandeln.

Ich freue mich auf den diesjährigen Ostergottesdienst mit meiner Mutter.

Osterwunderluft – konkret

Günter A. Menne

„Schickst du deinen Lebensatem aus, dann wird wieder neues Leben geboren. So machst du das Gesicht der Erde neu“, preist der Beter in Psalm 104,39 Gott, den Schöpfer. Der Glaube an einen Schöpfergott jedoch und an die Wunder, die jener tut in der Welt, kam dem aufgeklärten Menschen mit dem Siegeszug von Wissenschaft und Technik – nicht zuletzt mit der Evolutionslehre von Charles Darwin (1809–1882) – allmählich abhanden.

Doch die frühen Romantiker stemmten sich leidenschaftlich gegen den Trend: „Die Welt muss romantisiert werden!“, hieß die programmatische Parole von Novalis (1772–1801) – bürgerlich Friedrich von Hardenberg, seines Zeichens Jurist, Beamter, Naturwissenschaftler, Bergbauassessor, Philosoph und Dichter ...

Ihm bedeutete dieser Satz: der Welt – durch Imagination! – einen (neuen) Sinn zu geben und dabei dem Göttlichen in uns nahezukommen, um (wieder) heil zu werden: „Der Poet ist der transzendentale Arzt“, formulierte Novalis – und zwar auch mit Blick auf die Malerei und die Musik.

Und so machte sich Novalis, zusammen mit seinen Freunden (wie sein Romanheld Heinrich von Ofterdingen) auf die Suche nach der *Blauen Blume*: Symbol der Romantik und Sinnbild für die Sehnsucht und die Liebe und das metaphysische Streben des Menschen nach dem Unendlichen.

Das romantische Werkzeug der Suche – nach dem Wasser des Lebens, dem Sinn – war die Wünschelrute, der Joseph von Eichendorff (1788–1857) in seinem gleichnamigen Gedicht ein literarisches Denkmal setzte: „Schläft ein Lied in allen Dingen / Die da träumen fort und fort / Und die Welt hebt an zu singen / Triffst du nur das Zauberwort."

Wie aber könnte Ihre ganz persönliche Wünschelrute aussehen? Welches Lied würden Sie gerne in Ihrem Leben (noch) erwecken? Und welches Zauberwort müssten Sie wohl treffen, damit auch Ihnen die Welt zu singen anhöbe? Mir selbst wurde das Horn (das Musikinstrument der Romantik übrigens) zur Wünschelrute meiner eigenen Schatzsuche: Sein Klang bringt mir „das Lied in allen Dingen" jeden Tag neu zum Klingen!

> „Der Poet ist der transzendentale Arzt."

Aus welchem Holz mag aber Ihre Wünschelrute geschnitzt sein? Wonach sehnen Sie sich? Wovon träumen Sie? Zieht es Sie zum Singen in einen Chor? Oder hinaus in den Wald zur stillen Beobachtung der Vögel, um deren Melodien zu lauschen? Vielleicht treffen Sie mit Farben und Papier „das Zauberwort“?

Um meine Klienten bei der Suche nach ihrer Wünschelrute auf die Spur ihrer Träume zu bringen, rufe ich in einem Coaching manchmal eine Märchenfigur zur Hilfe: „Stellen Sie sich vor, Sie legen sich abends zum Schlafen hin ...“

Ich fahre fort: „In der Nacht erscheint eine gute Fee, zaubert ein bisschen, und am Morgen wissen Sie genau, wo es jetzt für Sie langgeht – alle Hindernisse sind aus dem Weg geräumt! Was ist geschehen? Woran erkennen Sie, dass alles anders ist und Ihr Traum plötzlich Wirklichkeit geworden ist?“

Die sogenannte „Wunderfrage“ gehört zum Set jener systemischen Fragen, die – wie ein langer Hebel – den gedanklichen Riegel vor der Tür unserer Fantasie und Intuition aufbrechen, die durch bloßes Nachdenken in oft endlosen Schleifen und inneren Debatten über das Für und Wider einer Entscheidung partout nicht zu öffnen war. Nun aber ist ja ein Wunder geschehen! Und mit einem Mal erscheinen die Dinge in einem anderen Licht und werden klar.

“ Und mit einem Mal erscheinen die Dinge in einem anderen Licht und werden klar. ”

„Ja, wenn wirklich ein Wunder geschehen wäre", entfährt es da so manchem Mann und so mancher Frau in meiner Praxis mit einem tiefen Seufzer – jetzt kommt es darauf an, dem zu *vertrauen* und daran zu *glauben*, was sie auf ihrer Suche mit der Wünschelrute ihrer Imagination gefunden und gesehen haben! Und in kleinen Schritten auf das Ziel ihrer Sehnsucht zuzugehen – zu *handeln*.

Jenes Vertrauen und jener Glaube aber wächst in uns, gleichsam wie von selbst, mit jedem dieser Schritte, wenn wir uns vom *Sog der Sehnsucht* (erinnern Sie sich noch – Stichwort „Sog" – an das Thema der ersten Fastenwoche?) ziehen lassen: Dann spüren wir die Kraft des Neubeginns wie jenen göttlichen „Lebensatem", den der Beter in Psalm 104 besingt.

Stellen Sie sich einmal selbst die „Wunderfrage" und gehen Sie auf die Suche nach Ihrer *Blauen Blume*! Doch lassen Sie sich nicht von irgendwelchen Hoffnungen leiten, sondern von der Hoffnung!

Diese Empfehlung stammt von dem Benediktinermönchs David Steindl-Rast (geboren 1926), Autor des Buchs „Die Sehnsucht in mir" (Herder), denn: Hoffnungen trügen, doch Hoffnung – aus Lebensvertrauen – trügt nicht, sie trägt. Darum sei es auch vernünftig, dem Leben zu vertrauen, denn: „Das Leben lebt uns – wie könnten wir ihm nicht vertrauen?", fragt der spirituelle Lehrer.

Wie aber können wir Lebensvertrauen lernen, falls es uns fehlt? Dazu sollten wir uns fragen – womit wir auch wieder bei Novalis und der *Blauen Blume* und meiner Wunderfrage wären: „Was würde mich am meisten freuen?“ Und weiter: „Was bietet mir das Leben als nächste Gelegenheit, dahin zu kommen?“ In dem Moment, sagt Bruder David, wo wir dieser Chance gewahr werden, entsteht Dankbarkeit. Nun gilt es nur noch, „in kleinen Schritten auf das zuzugehen, was uns am meisten freut“, und zu spüren, wie dabei das Lebensvertrauen – und wiederum die Dankbarkeit – in uns wächst.

Wie geht es Ihnen gerade? Vernehmen Sie vielleicht gerade den Duft jener „Osterwunderluft“, wie er aus dem Kelch der *Blauen Blume* strömt – ja? Dann nehmen Sie ihn doch tief in sich auf und spüren Sie jenen „Lebensatem“, aus dem, wie es in Psalm 104 heißt, „wieder neues Leben geboren“ wird. Frohe Ostern!

Autorinnen und Autoren

Hans Jürgen Abromeit, *Dr., bis 2019 Bischof der Evangelisch-Lutherischen Kirche in Norddeutschland.*

Christoph Backhaus, *Pfarrer in Neustadt/Orla – OT Knau.*

Christian Behr, *Superintendent in Dresden-Mitte.*

Ralf-Uwe Beck, *Theologe, Bürgerrechtler und Autor, leitet die Presse- und Öffentlichkeitsarbeit der Evangelischen Kirche in Mitteldeutschland (EKM).*

Tobias Bilz, *Landesbischof der Evangelisch-lutherischen Landeskirche Sachsens (EVLKS).*

Christiane Birgden, *Gemeindepfarrerin in Hürth.*

Anne Brisgen, *Pfarrerin an der Schlosskirche in Wittenberg (@_anne.divine_).*

Christina Brudereck, *Theologin und Autorin (www.christinabrudereck.de).*

Kirsten Fehrs *ist Bischöfin im Sprengel Hamburg und Lübeck der Nordkirche und amtierende Ratsvorsitzende der EKD.*

Bernhard Felmberg, *Dr., verantwortet seit 2020 als Militärbischof die Evangelische Seelsorge in der Bundeswehr.*

Ruth Gütter, *Dr., Referentin für Nachhaltigkeit der EKD bis Juli 2023.*

Miriam Hackländer, *studiert evangelische Theologie in Bonn und ist als Influencerin Teil des yeet-Netzwerks (@zwischen_himmel_und_hoelle).*

Udo Hahn, *Dr., Direktor der Evangelischen Akademie Tutzing.*

Eva Jung, *Kommunikationsdesignerin und Autorin (www.gobasil.com).*

Volker Jung, *Dr., Kirchenpräsident der Evangelischen Kirche in Hessen und Nassau (EKHN) bis Dezember 2024.*

Henning Kiene, *Pastor, Autor und Sprecher für die NDR-Radiokirche, arbeitet für united4rescue.*

Maxi Konang, *evangelische Kirchenredakteurin im Hörfunk und Moderatorin.*

Hansjörg Kopp, *Generalsekretär des CVJM-Gesamtverband in Deutschland e. V.*

Friedrich Kramer, *Landesbischof der Evangelischen Kirche in Mitteldeutschland (EKM).*

Thorsten Latzel, *Dr., Präses der Evangelischen Kirche im Rheinland (EKIR).*

Andreas Lau, *Pfarrer in Großrückerswalde.*

Matthias Lemme, *Pastor in Hamburg-Ottensen und Autor.*

Christine Lungershausen, *Dr., Gemeindepfarrerin in Eschborn.*

Ralf Meister, *Landesbischof der Evangelisch-lutherischen Landeskirche Hannovers, leitender Bischof der VELKD und Abt des Klosters Loccum; Botschafter der Fastenaktion „7 Wochen Ohne".*

Günter A. Menne, *M.A., Senior Coach, zertifiziert im Deutschen Bundesverband Coaching (DBVC) (www.menne-coaching.de).*

Silke Niemeyer, *persönliche theologische Referentin des Präses der evangelischen Kirche von Westfalen und Rundfunkpredigerin.*

Kathrin Oxen, *Pfarrerin an der Kaiser-Wilhelm-Gedächtniskirche in Berlin und Autorin.*

Tobias Petzoldt, *Kabarettist, Musiker, Autor und Geschäftsführer des Verbandes Evangelischer Diakonen-, Diakoninnen- und Diakonatsgemeinschaften in Deutschland.*

Wolfgang Reinbold, *apl. Prof. Dr., Professor für Neues Testament an der Georg-August-Universität in Göttingen, Beauftragter für Interreligiösen Dialog bei der Hannoverschen Landeskirche und Autor.*

Stefanie Schardien, *Dr., Theologische Geschäftsführerin des GEP und Medienbeauftragte des Rates der Evangelischen Kirche in Deutschland (EKD).*

Petra Schulze, *Landespfarrerin, Evangelische Rundfunkbeauftragte beim WDR, Leiterin des Evangelischen Rundfunkreferates NRW und Autorin.*

Rámon Seliger, *Rektor der Diakoniestiftung Weimar Bad Lobenstein gGmbH.*

Heike Springhart, *Prof. Dr., Landesbischöfin der Evangelischen Kirche in Baden.*

Fabian Vogt, *Theologe, Germanist, Theaterwissenschaftler und Sänger sowie Mitarbeiter des kirchlichen Thinktanks „midi“.*

Martin Vorländer, *Pfarrer und evangelischer Senderbeauftragter für Deutschlandradio und Deutsche Welle.*

Burkhard Weitz, *Pfarrer in Offenbach.*

Jörg Uhle-Wettler, *Domprediger der Magdeburger Domgemeinde.*

Sabrina Wilkenshof, *Dr., Studienleiterin am Predigerseminar in Bayern und Autorin (www.frommundfreitag.de).*